CLEBERSON EDUARDO DA COSTA

MANDA QUEM LEGISLA

O PODER ECONÔMICO NO PODER LEGISLATIVO

Atsoc Editions

OUTRAS OBRAS IMPORTANTES DO AUTOR

1 - Emancipados & Medíocres;

2 - Aprender a Aprender;

3 - Caminhos da Humanização e da Emancipação intelectual;

4 – Pedagogia da Mediocridade;

5 - Catástrofe na Escola: a negação consentida de direitos;

6 – A complexidade do óbvio;

7 – Chip da Ignorância;

8 – Amar se aprende amando;

9 – Teoria filosófica da existência de Deus;

10 – Praga dos (a) mal-amados (a).

11 – Como criar & Administrar uma Microempresa;

12 – Segredos da Prosperidade;

13 - Vivendo em Prosperidade: o segredo das árvores frutíferas;

14 – Apartheid Social: três tipos diferentes de cidadãos;

15- Apartheid Intelectual: produtos da escola;

16 – Sociedade Corrompida: transgressão & arte racional da dissimulação;

17 – Sete (7) lições sobre Metodologia Participativa;

18 – Egocentrismo infantil na fase adulta;

19 – Emancipados & Medíocres no Amor;

20 – Emancipados & Medíocres na vida Intelectual;

21 – A arte de Conviver: respeito às diferenças;

22 – Emancipados & Medíocres na Internet;

23 – Emancipados & Medíocres em Finanças;

24 – Emancipados & Medíocres no Trabalho;

24 - As mulheres que os homens se casam;

25 – As três transformações do Espírito;

26 – Pérolas de Nietzsche;

27 – Ser tudo o que se pode ser;

CLEBERSON EDUARDO DA COSTA

MANDA QUEM LEGISLA

O PODER ECONÔMICO DO PODER LEGISLATIVO

Atsoc Editions

1ª Edição

Título: MANDA QUEM LEGISLA: O PODER ECONÔMICO NO PODER LEGISLATIVO

1ª edição em português

Todos os direitos reservados desta edição: o autor

Autor: *Cleberson Eduardo da Costa*

Capa: *Cleberson Eduardo da Costa/Atsoc Editions - editora*

Revisão: *Cleberson Eduardo da Costa/Atsoc Editions - editora*

Idealização: *O autor*

Projeto Gráfico e Editoração: *Cleberson Eduardo da Costa/Atsoc Editions – editora*

Dados internacionais para catalogação na fonte de todos os direitos autorais, RJ,

Costa, Cleberson Eduardo da. – Manda quem legisla: o poder econômico no poder legislativo/Cleberson Eduardo da Costa, Rio de Janeiro, Atsoc Editions, 2014.

1. Filosofia e ciência política; 2. Sociologia 3. Filosofia do direito; 4. Manda quem legisla: o poder econômico no poder legislativo. I título.

DEDICATIONS FOR: VICTÓRIA MAGALHÃES DE JESUS COSTA, MINHA FILHA; E PARA TODOS AQUELES QUE DIRETA E/OU INDIRETAMENTE CONTRIBUÍRAM PARA A PRODUÇÃO DESTA OBRA, COMO MEUS IRMÃOS CLEVERSON EDUARDO DA COSTA E LEANDRO COSTA; MINHAS IRMÃS GLÁUCIA CRISTINA COSTA E RENATA MICHELE COSTA; MINHA MÃE, MARIA DAS DORES COSTA; E A MÃE DA MINHA FILHA VICTÓRIA, FLÁVIA MAGALHÃES DE JESUS, AO MEU SOBRINHO JOÃO VITOR E AS MINHAS SOBRINHAS ISABELA E DUDA.

SOBRE O AUTOR

Cleberson Eduardo da Costa (mais de 100 livros publicados, muitos deles traduzidos para outros idiomas), natural do Rio de Janeiro, é graduado pela UERJ (Universidade do Estado do Rio de Janeiro/1995-1998), Pós-graduado em educação (UCAM – Universidade Candido Mendes), Pós-graduando em Filosofia e Direitos Humanos (UCAM – Universidade Candido Mendes), Mestre e Doutor (livre) em Filosofia do conhecimento (epistemologia) e Pedagofilosofia Clínica (FUNCEC - pesquisa, ensino e extensão), Pesquisador, Professor universitário, Especialista em metodologia do ensino superior, Licenciado em Fundamentos, Sociologia, Psicologia e Filosofia da educação, Didática, EJA (educação de Jovens e adultos) etc.

Além disso, foi aluno Especial do Mestrado em Educação(1999-2001/PROPED/UERJ), matriculado, após aprovação em concurso, nas disciplinas [seminários de pesquisa] "ESTATUTO FILOSÓFICO" (ministrado e coordenado pela professora Drª Lilian do Valle); e "POLÍTICAS EDUCACIONAIS NO BRASIL E NA AMÉRICA LATINA" (ministrado e coordenado pelo professor Dr. Pablo Gentili).

Estudou também no curso de MBA em Gestão Empresarial pela FUNCEFET/RJ/Região dos Lagos (2003-2005); no curso de Pós-Graduação em Administração e Planejamento da Educação pela UERJ (1999-2000); e realizou vários cursos livres e/ou de aperfeiçoamento nas áreas da filosofia e da psicanálise por instituições diversas, entre elas a FGV (Fundação Getúlio Vargas) e a SBPI (sociedade brasileira de psicanálise integrada).

De 1998 a 2008, atuou como professor de ensino superior (Instituto Superior de Educação da UCAM/universidade Cândido Mendes) nos campus universitários de Niterói, Nova Friburgo, Araruama, Rio de Janeiro, Teresópolis, Rio das Ostras, etc.

Participou (em sua trajetória profissional e/ou intelectual acadêmica) de diversas pesquisas, como, por exemplo, o projeto UERJ-DEGASE, relativo à (EJA) e também em pesquisas centradas em problemáticas políticas, filosóficas e pedagógicas com professores renomados, como Pablo Gentili (UERJ/CLACSO), Cleonice Puggian (UNIGRANRIO), Carla Imenes (UEPG), Cristiane Silva Albuquerque (UERJ), Marco Antonio Marinho dos Santos (OCA/RJ) entre muitos outros.

Atualmente dedica-se à docência universitária; a pesquisas em educação; a consultorias relativas à educação, no sentido do aprimoramento, da superação e do desenvolvimento humano; à realização de palestras acadêmicas e multiorganizacionais e à produção de obras nos mais diversos campos do saber.

SUMÁRIO

APRESENTAÇÃO

Na primeira unidade desse livro, levantaremos apreciações críticas sobre o que tem sido concebido como padrão qualitativo de justiça nas sociedades ocidentais capitalistas contemporâneas e/ou pós-modernas. Ou seja, levantaremos apreciações críticas sobre os padrões de justiças sistematizados nas sociedades pós-modernas capitalistas, erguidas estas sob os valores da chamada Democracia Liberal, em que a ideia essencial de justiça está atrelada a da "manutenção da ordem do capital por meio das instituições coercitivas do Estado", sistematizando-se, também, assim, uma espécie de "ditadura e/ou império do poder Legislativo não somente em relação às massas, mas também em relação aos outros ditos dois poderes (Judiciário e Executivo), na mesma medida em que esses, por não conseguirem conter as forças corruptas e corruptoras do poder econômico, tornam-se meros apêndices dele (do Legislativo, ao constituir e instituir suas leis que, na grande maioria das vezes, são particularistas, lobistas etc.).

Na segunda, nos proporemos a apresentar os valores que, nas sociedades capitalistas ocidentais contemporâneas, tem servido de base para criar e sustentar essas mesmas leis elitistas, lobistas, etc., por meio do Legislativo, sistematizadas por aquilo que se convencionou chamar de Democracia Liberal e/ou de Estado Liberal. Na terceira, sintetizaremos nossas apreciações. Na quarta e última, como unidade de conclusão, apontaremos caminhos para a construção de um "ideal de justiça pautado na ideia primeira de justiça social, sob os valores do que convencionamos chamar de "ideal progressista de justiça", como devendo ser, este, o baluarte e/ou a égide de qualquer preceito político Estatal de Justiça" onde se diz haver democracia.

Esperamos, assim, que essa obra, "Manda quem Legisla: o poder econômico no poder Legislativo", possa nos permitir pensar sobre qual tem sido a real função dos ditos três poderes nas sociedades capitalistas ocidentais pós-modernas, atreladas estas ao poder econômico, e, nesta mesma via, mas por outro lado, que ela possa também de alguma forma nos fazer parar para refletir sobre o que devemos, enquanto sociedade política ou civil planetária, elegermos e/ou buscarmos, enquanto seres sociopolíticos, como sendo, de fato, princípios e valores ideais de justiça para os novos tempos, ou melhor, para o século XXI.

O AUTOR.

MANDA QUEM LEGISLA

O PODER ECONÔMICO NO PODER LEGISLATIVO

CAPÍTULO I – O POVO PROIBIDO CONSTITUCIONALMENTE DE FAZER POLÍTICA

Diz-se no meio político elitista e/ou conservador que, *"quando ninguém é capaz de estabelecer o que é justo, alguém precisa estabelecer o que é e/ou deve ser Direito* (normas jurídicas)". Deve-se, todavia, dizer que toda norma jurídica (Direito) de uma dada sociedade é e/ou deveria ser um fenômeno cultural, já que historicamente ela, essa mesma sociedade, supõe-se, numa perspectiva materialmente dialética da história, assim como a cultura, modifica-se dinâmica e dialeticamente.

Nesse sentido, se a norma jurídica (Direito) é e/ou deve ser um fenômeno histórico, dinâmico, não se pode conceber também o ideal de justiça como aquilo que corresponde:

1- somente ao agir buscando-se à legalidade;

2- somente à observância cega às leis;

3- somente à obediência cega ou domesticada às normas jurídicas de uma dada sociedade e, nem, muito menos, num outro viés, confundir-se com estas.

Isso pelo fato de que, nas sociedades ocidentais capitalistas modernas e contemporâneas, erguidas estas sob as bases da chamada Democracia liberal, as leis (normas jurídicas), por uma questão ideológica, estão (enquanto conteúdo-ético artificial de Estado) divorciadas da cultura, da moral e da razão e, portanto, também da ordem natural da história. Ou seja, em outras palavras, nessas sociedades, elas, as normas jurídicas, além de serem conteúdos-éticos artificiais de estado fundamentadas nos valores do capital, estão também, na mesma via, girando em torno da sistematização do status quo capitalista, pautados estes:

1- no Individualismo;

2- na Meritocracia;

3- na Mercantilização de todas as coisas, sejam estas materiais e/ou imateriais, sob a face de uma espécie de ditadura e/ou império do poder Legislativo sobre toda a sociedade, cujos seus representantes são financiados pela elite econômica (donos de bancos e grandes empresas), transformando, nesse sentido, o poder Judiciário e o poder Executivo em seus meros apêndices.

Segundo as normas jurídicas dessas sociedades capitalistas ocidentais contemporâneas, por exemplo, é-se pré-concebido como sendo ilegal e/ou injusto, por exemplo, visando-se à manutenção do dito direito de propriedade privada, baluarte do capitalismo: "invadir, de forma individual ou coletiva, propriedades ditas alheias, ainda que estas não se encontrem com nenhuma espécie de utilidade social, sendo fruto apenas, por exemplo: da conhecida especulação imobiliária, movida esta por capitais especulativos nacionais e/ou internacionais."

Por esta via, todas as normas jurídicas artificiais, isto é, não naturais, que são derivadas dela, das constituições Liberais, nas quais estão postas as leis que regem o direito de propriedade privada, estão ideologicamente foras da história, ou seja, são criadas apenas para poderem transformar em criminosos e transgressores delas os cidadãos participantes de Movimentos sociais que fomentam e/ou promovem manifestações em busca de melhores condições de moradia, de terras para o trabalho familiar, etc., ou, numa outra via, também para criminalizarem os grupos indígenas que, também contrariando-as, invadem e/ou retomam fazendas improdutivas, dizendo serem estas, há séculos, de suas propriedades. Os movimentos dos sem-terra e os dos grupos indígenas, sem dúvida, como tantos outros movimentos sociais e/ou populares, como os dos sem-teto, presente nas grandes metrópoles como o Estado de São Paulo, por exemplo, num sentido Marxista, pode-se dizer (negando a artificialidade jurídica das leis capitalistas), de certa forma:

> **"Desafiam essa ideia de justiça pautada na obediência cega e/ou passiva às leis e/ou normas jurídicas elitistas criadas pelo Legislativo presente nas Democracias Liberais e demonstram, na prática, que elas, as suas leis elitistas, estão longe de serem ideais e/ou sinônimos de justiça."**

Ou seja, trazem-nos a ideia de que nem toda ordem é justa e/ou persegue, obedecendo-se cegamente aos códigos de leis, os ideais amplos, concretos, históricos e/ou materiais de justiça.

Em outras palavras, pensa-se aqui que:

"Apesar de existirem aqueles que, como Goethe, "preferem à injustiça à desordem", a busca e/ou "a luta pelo ideal de justiça pode exigir, por si mesma, que se ultrapasse a ordem legalmente estabelecida", seja por meio de movimentos sociais, seja por meio da busca pela mudança dos valores capitalistas que regem a superestrutura estatal, fundamentados estes naquilo que se convencionou chamar de Democracia Liberal."

CAPÍTULO II – O IDEAL NEO-PROGRESSISTA DE JUSTIÇA

Nesse sentido, pode-se também afirmar que, numa perspectiva neo-progressista de justiça, ela, a justiça, torna-se um ideal que foge dos rigores de obediência aos códigos de leis injustos. Isto é:

> "Ele, o ideal neo-progressista de justiça, coloca-se como um modelo de igualdade política de fato, não somente representativa, e a qual deve se submeter todo e qualquer poder político personificado sob a face de qualquer Estado."

A justiça e/ou o ideal de justiça, sob os preceitos neo-progressistas de justiça, assim, "não é o mesmo que o império das leis sobre os homens", dado que, nessas sociedades capitalistas, por não haver também justiça social, os homens não são concebidos como sendo essencialmente iguais, mas desiguais. Pensa-se assim que, uma ordem jurídica democrática qualquer, para estar dentro do ideal de justiça; para ser legítima, antes, precisa ter origem na vontade popular.

Todavia, segundo o que estabelece a constituição que rege as políticas das Democracias Liberais, sendo estas de raízes históricas essencialmente capitalistas:

> "Ninguém pode fazer leis num determinado país que não seja o congresso (Dep. e/ou Senadores)."

Ou seja, tem sido há séculos proibido "legalmente" (não justamente, como se a legalidade fosse sinônimo de justiça) ao povo de fazer política de forma direta, mas apenas indireta: de forma representativa. Em outras palavras, tem-se proibido ideologicamente ao povo de se propor a fazer (por meio de plebiscitos, assembleias populares constituintes, etc., de forma sistemática, e não somente em casos específicos), uma reforma política que siga e/ou que tenha como baluarte, por exemplo:

> "Os ideais de igualdade política e justiça social como sendo a e/ou - nas pautas políticas - as primeiras de todas as justiças a serem alcançadas."

CAPÍTULO III - LEGISLATIVO: O ÚNICO E REAL PODER DO ESTADO NAS SOCIEDADES OCIDENTAIS CAPITALISTAS

I

Max Weber (1864-1920), referindo-se às leis feitas pelo Estado moderno, pelo chamado Estado-nação, que são dotadas do seu monopólio, denominou-as de *"violência física* (dita) *legítima".* Thomas Hobbes, numa obra sua pouco conhecida, chamada *"Diálogo entre um filósofo e um estudante de direito inglês",* que, acredita-se, não tenha ainda sido traduzida para a língua portuguesa, diz, por exemplo, por meio do filósofo ao estudante, que:

> **"Não é a sabedoria que faz as leis, mas sim a autoridade".**

Karl Marx (1818-1883), no manifesto comunista (1844), deixa clara a sua ideia de que *"a classe proprietária dos meios de produção tem a*

26

capacidade de introduzir a <u>ordem de Direito</u> que desejar". Complementando essa tese, nesse mesmo sentido, ele, Marx, no seu livro "A miséria da filosofia", faz uma critica aos ditos "socialistas utópicos" que, como Proudhon, acreditavam na possibilidade de uma gradual adaptação do Direito (leis presentes nos Estados liberais) à justiça, em seu sentido amplo.

Ou seja, para Marx, contrariando Proudhon, *"as leis nunca podem estar acima da estrutura econômica da sociedade"* e, sendo assim, o Direito (normas jurídicas), presente nas sociedades capitalistas, é entendido, por ele, por Marx, como sendo nada mais nada menos que:

> 1- *"A vontade - feita lei - da classe dominante sobre a classe oprimida e/ou dominada, por meio da ideologia, querendo torná-las (as leis):*
>
> 2- *"A expressão de justiça eterna."*

A ideia de justiça, para Marx, como se pode perceber, transcende aquela dos chamados códigos de leis (Direito), ideologicamente elaborados e transformados em conteúdos-éticos de Estado Liberal pelas elites capitalistas.

II

Hoje, alvorecer do século XXI, nesse sentido, o que se pode dizer é que, nas sociedades ocidentais capitalistas contemporâneas, as leis, dogmática e ortodoxamente, ganharam "status de seres com poderes sobrenaturais", como os mitos do antigo mundo grego, maiores, inclusive, do que os supostos poderes advindos do uso da razão, na medida em que, elas, essas leis do capital, são erguidas sob os valores da ciência moderna e/ou pós-moderna, estando subordinada ao poder econômico do capital, visando-se manter a hegemonia capitalista também por meio da escravidão dos cidadãos às suas políticas de consumo (obsolescência programada).

Os problemas concretos do Judiciário e, por conseguinte, do Executivo, nessas sociedades pós-modernas do capital, sendo assim, são dados na medida em que, eles, por uma questão de hierarquia política, passam a não fazerem parte real e efetiva do poder, na qualidade dos chamados ditos três poderes, como um todo organizado e interdependente, mas apenas funcionam como apêndices e/ou reféns do Legislativo. Em outras palavras, tragicamente para a democracia, mas beneficamente para as elites:

> "Eles, o Executivo e o Judiciário, nessas sociedades pós-modernas do capital, apenas funcionam como sustentáculos do "poder", isto é, do único e real poder que, embora finjam não quererem enxergar alguns, nessas sociedades capitalistas, politicamente, de fato, existe: o poder Legislativo."

Ou seja, ainda que muitos não saibam e/ou mesmo não queiram vir a saber, os ditos três

29

poderes não foram criados juntos, como sustentáculo de um único poder Estatal Republicano liberal e também dito democrático, como se preconiza a respeito dos Estados onde imperam as ditas Democracias Liberais.

O "poder econômico", por intermédio do monopólio do Estado liberal, iniciado a partir da Revolução Francesa, foi quem criou o poder Legislativo e, por conseguinte, foi quem criou também o dito poder Judiciário e o dito Executivo, para serem, estes, meros apêndices dele e não o contrário.

Nesse sentido, pode-se dizer que, não há, na prática, total independência ou interdependência entre os ditos três poderes, isto é, não há independência, nem mesmo financeira, destes (Executivo e Judiciário) em relação aquele (Legislativo), uma vez que, segundo Marx:

1- O Executivo, no Estado Liberal, não é senão um comitê para gerir os negócios comuns de toda a classe burguesa. (Marx, Karl. Manifesto comunista. São Paulo: Boitempo. 1998. P. 41-2)

2- O Judiciário, consequentemente e, por sua vez, não cria e nem persegue um "ideal de igualdade política e justiça social como sendo as primeiras de todas as justiças", mas apenas tenta distribuir aquilo que o poder Legislativo diz a ele, através dos seus códigos de leis, que é e/ou então que não é a tal da "bendita justiça" (colocada esta, segundo as bases dos mesmos códigos de leis, como sendo a obediência cega a esses mesmos códigos de leis particularistas e/ou de classe que lhes sustentam).

Sintetizando, para Marx:

"O Estado, nas Democracias Liberais, é uma organização cujos interesses são os da classe capitalista."

O que se quer dizer é que, "sem a existência de um Código de Leis liberais", não é e nem seria

31

preciso à existência do Judiciário, enquanto aparelho ideológico de Estado, e que faz valer a opressão deste por meio da coerção e/ou da coação aos ditos cidadãos.

Ou seja, sem leis liberais, não há transgressão porque não há dominação sistematizada institucionalmente; e, se não há dominação pela via coercitiva, não há também a necessidade de punição e, nesse sentido, não é preciso o Judiciário.

O Executivo e o Judiciário são, assim, nessas sociedades do capital, meros "capatazes" do Estado Liberal, obedientes cegos do poder Legislativo, transcendendo-se pejorativamente as ideias e/ou os ideais políticos de John Locke que, por exemplo, dentro do seu ideário iluminista, pregava que o poder estatal, (procurando-se evitar uma suposta volta dos autoritarismos, antes centralizado na pessoa do Monarca) deveria ser dividido nesses três conhecidos poderes.

Como se vê, John Lock não pôde e nem poderia prever que, o poder econômico do capitalismo, presente, enquanto elite político-econômica nas sociedades contemporâneas faria com que, o Legislativo, nos seus Estados Liberais, se tornaria a expressão una e/ou monopolizada do "poder" estatal frente aos outros dois ditos poderes.

Redizendo o exposto no início:

> "Nas democracias liberais, não é a sabedoria que faz as leis, mas o poder e, nesse caso específico, "o poder econômico do capitalismo que, por sua vez, subordina o Legislativo a fazer sistematicamente as suas vontades enquanto sociedade política."

Todavia, se ainda resta-nos qualquer resquício de ceticismo em relação às proposições até aqui levantadas, pense-se sobre o seguinte:

> "Os magistrados, representantes do Judiciário, são considerados (quando

desviantes das leis artificiais no ato de julgar, ainda que se perseguindo um suposto ideal de justiça que não seja particularista, mas de justiça social) também meros transgressores delas, das leis (Direito), sendo assim, quase sempre, passives de punições ou de possíveis correções das suas ditas "ilegais" e/ou supostas arbitrárias decisões nas coisas julgadas."

Isto é, são considerados eles, os magistrados, transgressores das leis mesmo quando julgam e/ou condenam buscando-se o sentido amplo da justiça, corrompendo-se, pelo uso da razão e/ou do bom senso, as leis que lhes possam soar como sendo particularmente injustas. Em outras palavras, quando, em nome da busca pelo real sentido amplo da justiça, eles, os magistrados, decidem transgredir as leis, não seguindo as normatizações de um dado código de leis que lhes soem injustos, eles são passíveis de punições, dado que "a obediência cega às leis", nesses casos, está colocada como estando também acima deles (magistrados), ou seja, não é facultativa.

IV

Praticamente em quase todas as instâncias judiciárias dessas sociedades, aquele que se sente injustiçado e decide tentar buscar a justiça por meio da correção de uma dada lei que lhe pareça injusta, pode e deve buscar a justiça, mas, segundo os princípios postulados acima, nem o magistrado e nem tampouco a instituição judiciária que o representa, por não possuírem autonomia sobre o que determinam as leis (por serem estes, como já no início mencionado, meros apêndices do Legislativo), questionarão, em púlpito, à luz dos seus mandatários, quando houver, o caráter, qualquer que seja ele, injusto, de uma dada lei e/ou código de leis particularista e/ou de classes.

Nem mesmo quando o magistrado tenta (e não são raros esses casos), por exemplo, - aos seus modos - fazer algum tipo antiético de conluio e/ou peculato, consegue, na maioria das vezes, algum êxito, porque outros grupos elitistas o acusam de estarem "desrespeitando a constituição", o código das ditas "benditas leis", recorrendo-se, assim, em instâncias ditas superiores, das suas possíveis transgressoras e/ou criminosas decisões (ditas arbitrárias). Existem aqueles, os mais românticos nessa questão, que dizem que as leis são uma questão de "interpretação" e, que, nesse sentido, os magistrados e/ou o judiciário possuem "autonomia sobre elas". Todavia, isso não é de todo verdadeiro. O que é verdadeiro aí, nessa tese, é que os magistrados, em determinadas situações, por ignorância ou mesmo por serem motivados a fazerem vista grossa, julgam causas sem o conhecimento profundo delas, das leis e, sendo-se assim, como se sabe, começam os intermináveis recursos contra e/ou então a favor de uma dada ação dita "mal julgada."

Ou seja, mesmo nesses casos, o magistrado não tem sobre si o poder de questionar a "sanidade" e/ou validade, a sabedoria e/ou a lógica racional de uma dada lei, mas apenas o de não atingi-la, não respeitá-la, seja movido pela ignorância no ato julgador, seja movido por uma vontade corruptora, sendo ambas, todavia, como mencionado, quase sempre passíveis de correção da coisa julgada e/ou então de punição pelo seu possível dito ato infrator ou criminoso.

CAPÍTULO IV – O PODER DOS BANCOS E/OU DA ELITE ECONÔMICA NO LEGISLATIVO

I

As leis (Direito), nessas sociedades do capital, por trazerem em si um caráter artificial e ideológico de preservação do "status quo Liberal", são instituídas e colocadas também para os dominados como sendo o mesmo que "entes intocáveis" ou "imexíveis", como certa vez resolveu dizer um determinado ministro no Brasil.

Nesse sentido, não raramente, mas na maioria das vezes, são criadas e/ou mudadas, ainda que se diga com o clamor dos excluídos, somente se forem para poder revigorar os interesses econômicos das elites Capitalistas, por intermédio de conluios, como é de quase todos sabido, existentes entre os bancos, as grandes corporações e aqueles que Legislam.

Isto é, nessas sociedades, há uma relação intrínseca, por exemplo, entre "a criação de leis e/ou as suas modificações e o poder econômico das grandes corporações, do capital especulativo e dos bancos". Nas palavras de "Batista, Junior Paulo nogueira, por exemplo:

> "O poder dos bancos é sustentado por ampla rede de influência política e ideológica. Ou seja, no poder Legislativo os bancos financiam campanhas e têm a sua bancada."
> (BATISTA, Jr. Paulo Nogueira. O poder dos bancos no Brasil. Folha de são Paulo, 17 ago. 2006. Brasil, p. B2)

Nesse sentido, pode-se dizer que "Quando os Legisladores são corruptos – e são muitos esses casos nas sociedades capitalistas pós-modernas – as leis, criadas por eles, pelo Legislativo, nunca satisfazem os anseios de equidade política, de bem estar e justiça social que possam também vir a fazer parte dos anseios de uma dada coletividade social, incluindo-se, nela, os ditos excluídos socioeconômicos que, nessas sociedades, compõem-se de mais de dois terços dos ditos cidadãos."

No caso específico do Judiciário, por ser uma instituição coercitiva de Estado, pode-se dizer que ele, ideologicamente, sempre dirá aos membros de uma sociedade liberal que a sua função é a de "distribuir a bendita justiça", embora na prática, ele mesmo, quase sempre, nunca também a alcance; embora, na prática, ele mesmo, quase sempre, caminhe em direção oposta a ela.

Na mesma via, mas no espaço-tempo das instâncias judiciárias, pergunta-se:

> "Se um Magistrado julga justamente e soa como sendo injusto e/ou se julga injustamente e soa como sendo justo, onde então estaria ou estará à distribuição da bendita justiça?

> Onde estará então a sensação ou a razão
> do sentido da justiça?"

Talvez por esse e por vários outros motivos, qualquer indivíduo, até mesmo os ditos leigos, independentemente das classes e/ou grupos sociais às quais pertençam, comunguem da ideia, tão comum nos dias atuais, de que:

> "A "justiça é cega, surda e muda".

Na verdade, nessas sociedades, ainda que se utilize da coerção Estatal para se poder fazer valer os preceitos liberais e particularistas de Justiça, dissolve-se no meio das massas um sentimento de injustiça generalizada, a cada vez que determinadas leis dessas estirpes (lobistas) são criadas e, os cidadãos, no judiciário, pelos magistrados, são punidos por transgredi-las. Nas palavras de BARBOSA:

> "Há um apelo ao significado de justiça, de
> forma definida pelas ações do homem,

41

quando ele desafia a decisão judicial sob a alegação de que a lei a qual desobedece não é justa." (BARBOSA, Julio Cesar Tadeu. O que é justiça. São Paulo: Brasiliense. 1984. P. 78)

Numa outra via, a transgressão a essas leis particularista surge socialmente como um valor e, também, como uma alternativa de poder-se alcançar a justiça por meios também particulares, ditos corruptos e/ou transgressores, à revelia das normas jurídicas presentes nos Estados Liberais.

Isto é, em outras palavras, passa-se a pensar que:

> "Quando a sociedade política é corruptível e corruptora, não há leis que sejam justas e, nesse sentido, como não há também confiança no Judiciário, os membros da Sociedade civil passam a se utilizarem desse mesmo exercício arbitrário, corrupto e corruptor das suas ditas razões (praticado pelo Legislativo ao criar e aprovar as suas leis particularistas) como se ele fosse um

meio justo, ético, ainda que ilegal, tanto para o ataque quanto para a defesa, nas suas lutas diárias pela sobrevivência, durante suas interações na vida social com diferentes homens, tornando-se, como um coletivo, ainda que talvez inconscientes de si e da sua própria coletividade, de transgressores potenciais."

CAPÍTULO V – O MITO DO ALCANCE DA JUSTIÇA POR MEIO DA QUALIDADE PROFISSIONAL DOS MAGISTRADOS

Uma catástrofe social, que vem do alto, que vem do exemplo imoral e antiético dos políticos, torna-se sistematizada como valor social e, sendo-se assim, vale a redundante análise crítica:

> "Uma sociedade que supõe ter o direito inalienável de fazer justiça com as próprias mãos, ou então a praticar o dolo como forma de resistência às leis que lhe soem injustas, tornou-se uma sociedade insana por pura convicção, por meio da criação e/ou vivificação dessas mesmas ditas leis."

Tentando-se resolver esse problema à sua maneira, a OAB, através dos seus concursos, deixa preconizado que, para poder-se exercer a

Magistratura, é necessária, sob um coletivo de princípios epistemológicos:

1- Ser capaz de "saber" o que se está predisposto a fazer;

2- Ter sobre si um padrão de qualidade, a fim de que se possa também, nesse sentido, ser capaz de distribuir a bendita justiça presente nos códigos de leis (Direito).

Todavia, como um círculo vicioso paradoxal, não parece claro para os mesmos que, no ato específico de julgar, romper com a lei que lhes soe injusta (criadas e/ou modificadas pela força do poder econômico) para poder distribuir a justiça, torna o julgador do mérito de qualquer ação, um possível criminoso, ou seja, a caracterização tácita de um pleno exercício arbitrário da razão.

Nesse sentido, há de se supor que não se pode esperar que, por esses ditos "padrões de qualidade dos Magistrados, exigidos nesses concursos da

Ordem", queira-se de fato que eles, os magistrados, sejam justos, que distribuam a bendita justiça por meio dos seus atos, mas que, na verdade, apenas:

> "Façam valer a força dos códigos de leis (Direito) sobres os possíveis transgressores delas, sendo os mesmos, nos seus atos, por outros grupos não elitistas, considerados justos ou não."

Ou seja, o que também se quer dizer é que, nas Democracias Liberais, nos Estados regidos pela ética capitalistas, "o que é tido como "Legal", na grande maioria das vezes, não é tido também como o mesmo que é "Justo", uma vez que a "qualidade esperada do Magistrado" está Caracterizada em ser docemente capaz de obedecer às ditas leis que, já por serem leis, trazem sobre si (o que não deve, por ele, pelo Magistrado, ser questionada) a preconização também do caráter de, por si só, serem, quando respeitadas, Ideais de alcance da justiça e/ou de atos ditos justos."

Alguns dos mesmos, tornando-se meros escravos delas, das leis criadas pelo Legislativo, dizem, por exemplo, como papagaios, como seres humanos irracionais que: "lei é lei!"

Por outro lado, paradoxalmente, por muitos acharem que "a justiça é cega, surda e muda", no cotidiano, nas microrrelações sociais, surge um suposto exercício arbitrário da razão que é captado e incorporado na conduta psicossocial da sociedade como uma espécie de "mecanismo de autoproteção e/ou auto-preservação", onde sair de casa preparado para matar e/ou para morrer, na maioria das vezes:

1- é tido como um "direito";

2- é tido como um princípio de legítima defesa frente às injustiças sociais e, sendo assim, também:

3- alienadamente concebido como uma forma de corrigir supostas injustiças, caso elas venham a surgir na interação com outros homens, ainda que se seja também, nesses atos de suposta autodefesa, injusto.

Isto é, nessas sociedades em que as leis soam injustas, corruptas, feitas pela e para as elites, quase todos, dolosamente, para poderem viver socialmente, vestem a toga de árbitros não somente das suas vidas, como também, em grande parte, das condutas alheias, como se, ao transgredirem as leis ditas injustas, estivessem, às suas maneiras, distribuindo, para si, à revelia das normas jurídicas e dos próprios atos Judiciários, a "bendita justiça."

Em síntese, "uma sociedade política corruptível e corruptora, que não legisla para todos de forma imparcial, além de dar maus exemplos sociais, sistematiza a falta de ética como uma necessária norma social."

Na mesma medida, "um sistema Judiciário que se subordina a essas Leis particularistas sob a prerrogativa de se buscar distribuir a justiça, sempre soará, para a sociedade civil, como sendo injusto e, nesse sentido, deixará instituído socialmente que: não respeitar as leis é melhor e muito mais vantajoso do que respeitá-las e/ou cumpri-las.

CAPÍTULO VI – O IDEAL AMPLO DE JUSTIÇA

Para Marx, não se fechando, por hora, a retórica da questão:

> "Onde existe o Direto (as normas jurídicas) não pode haver a justiça, na media em que só pode existir a primeira onde não existe a segunda, porque isso só seria possível numa imaginada situação de opressão estática, não-histórica, em que opressores e oprimidos vivessem pacificamente como sados-masoquistas sociopolíticos..."

Isto é, conformados os excluídos com as suas condições de vida subalternas e, os incluídos, em explorá-los.

A observância e/ou a obediência às normas artificiais, isto é, ao Direito, nessas sociedades, só

50

são possíveis por meio da "opressão coercitiva (em obediência cega às leis Liberais) feitas por meio da polícia e/ou do Judiciário" e, sendo assim, estão longe, na contramão, dos ideais de justiça, ou seja, dos ideais de igualdade política e justiça social como sendo as primeiras, a serem perseguidas, de todas as outras ditas igualdades e/ou justiças. A justiça, seguindo um ideal amplo de justiça, pode-se assim dizer:

> "É o mesmo que o império da busca pela justiça, não somente sobre os homens, mas também sobre as próprias leis quando estas, na prática, no mundo concreto, material, demonstrarem ser injustas."

Os direitos fundamentais do homem estão acima das leis, dos governos e dos Estados, e uma ordem jurídica justa é construída a partir deles, incorporando-os. Isto é:

> Onde estes direitos não existem, estamos em face de uma sociedade com regras deliberadamente arbitrárias, e as ações do Estado não têm a neutralidade e a imparcialidade que lhe deveriam configurar. (BARBOSA, Julio Cesar Tadeu. O que é justiça. São Paulo: Brasiliense. 1984. P. 78)

Pensa-se aqui, assim, que a ordem jurídica só tem sentido de legitimidade quando tem origem (além da ideia do direito ao voto, como sinônimo de democracia representativa), através de plebiscitos, assembleias, isto é, expressas na direta vontade popular.

Na próxima unidade, unidade II, traremos à luz da nossa discussão os valores e princípios que regem as Democracias liberais e que, por meio dos atos políticos particularistas do poder Legislativo, através dos seus conluios e lobismos, historicamente têm feito com que, sob a égide deles, os "códigos de injustiças" sejam sistematizados como "ideias de justiça", visando, nesse sentido, exclusivamente a manutenção do status quo liberal.

Na terceira unidade retomaremos então novamente às nossas questões.

UNIDADE II

VALORES E PRINCÍPIOS DA DEMOCRACIA NEOLIBERAL SISTEMATIZADOS COMO CONTEÚDOS-ÉTICOS DE JUSTIÇA

II - VALORES E PRINCÍPIOS DA DEMOCRACIA LIBERAL E/OU NEOLIBERAL

O Liberalismo e/ ou agora Neoliberalismo, entre outras coisas, se traduzem, sintetizando, como sendo uma concepção Filosófica da liberdade que foi transformada, pelo próprio Capitalismo, numa espécie de doutrina econômica. Dentre as premissas básicas dessa concepção econômica da liberdade, estão sistematizadas, pelos capitalistas, a defesa intransigente de seis (6) princípios fundamentais básicos, corporificados, enquanto conteúdos-éticos de Estado, nos seus modelos de "Democracia liberal", a saber:

II. 1 CAPÍTULO - A DEFESA DA IGUALDADE JURÍDICA

Para o capitalismo, a fim de favorecer o desenvolvimento do comércio - compra e venda de produtos ou serviços, culminando-se, consequentemente, no seu próprio desenvolvimento - defende-se a igualdade de todos perante a lei apenas no que se refere aos direitos básicos, e ainda que os detentores desses direitos possam ter diferentes condições socioeconômicas.

Ou seja, para o capitalismo, a igualdade jurídica é essencial para a sustentação de todos os outros ditos direitos.

Por outro lado, todavia, o que se deve dizer é que nessas concepções de igualdade jurídica defendidas pelo capitalismo, não se levam em conta as desigualdades sociais, ou seja, não se defende a igualdade social, estando-se subjacente para eles que a mesma seria um empecilho crucial para o próprio desenvolvimento do capitalismo.

Isto é, a defesa intransigente dos capitalistas pela manutenção jurídica do direito de propriedade é, em síntese, o que caracteriza que, num dado momento dessas relações comerciais de compra e/ou venda, alguns homens, nesse processo, acumularão riquezas, propriedades e, outros, consequentemente, sairão delas desvalidos.

Em síntese, para os capitalistas, se houvesse igualdade de condições, não haveria desigualdades de necessidades e, sendo assim, o comércio não se desenvolveria.

Imagine-se, por exemplo, uma sociedade em que todos os homens pudessem ter acesso a tudo o que necessitassem ao poderem comprar tudo o que quisessem.

Imaginem uma sociedade em que todos os homens tivessem casa própria, automóvel do ano, saúde, educação de qualidade, etc.

Essa sociedade, para os capitalistas, é inimaginável, apática, irrealizável na prática, utópica, uma vez que, segundo eles, não haveria a menor necessidade de competição entre os homens e, nesse sentido, nem tampouco leis de defesa da propriedade, uma vez que não haveria desigualdades sociais extremas.

I. 2 CAPÍTULO - A DEFESA DA LIBERDADE PESSOAL

Para os capitalistas, o comércio só pode se desenvolver, de fato, se os indivíduos forem "livres" para venderem/comprar e, também, "livres" para poderem vender as suas forças de trabalho e, ao receberem um determinado salário, poderem favorecer, nesse processo, o desenvolvimento do próprio comércio. Sendo assim, ao longo da história, a burguesia e os defensores do capitalismo quase sempre se posicionaram contra a escravidão. Especificamente sobre essa questão envolvendo-se o conceito de defesa da "liberdade pessoal", no que se refere principalmente a da defesa do "dito trabalho livre", em oposição ao trabalho escravo, é preciso pensar que, na verdade, segundo o que pensavam os capitalistas da época, o trabalho escravo, de certa forma, gerava custos mais elevados do que o dito trabalho livre.

Custos estes - ainda que precariamente - relativos à manutenção do escravo em condições de trabalho, que iam desde a alimentação, passando pela manutenção da saúde, moradia e afins, incluídos aí, também, os custos de compra dos mesmos, como também aqueles relativos à depreciação, vida útil do trabalhador e/ou as possíveis e eventuais mortes dos mesmos, antes mesmo deles pagarem, por meio dos seus trabalhos, os investimentos neles feitos por parte dos escravocratas. Ou seja, o trabalho dito livre defendido pelos capitalistas é aquele em que o trabalhador vende a sua força de trabalho e, de

59

posse do salário recebido por esse trabalho vendido, ele, o próprio trabalhador, tem a partir daí a responsabilidade de custear, se conseguir, todas as suas necessidades básicas, como saúde, moradia digna, alimentação adequada, lazer, educação, etc., e, em muitos e não raros casos, também o sustento da sua família.

Não se está, aqui, defendo as formas de escravidão antigas, mas fazendo-se pensar sobre as formas de escravidão modernas, pautadas estas no roubo da mais-valia e na formação de exércitos de reserva, transformando os proletários em escravos assalariados do capital.

Ou seja, o dito trabalhador livre, no mercado de trabalho, é impelido a ter que produzir cada vez, qualificando-se cada vez mais, sem, no entanto, receber, na mesma proporção, o devido aumento de salário. Além disso, há a questão da formação do exército de reserva. Ou seja, nas sociedades onde os Estados são capitalistas, as instituições de formação, mesmo as que se dizem educativas, subordinam-se aos valores de mercado, formando, através de políticas educacionais Neotecnicistas, mão de obra qualificada muito além daquela que realmente necessita o mercado, culminando-se na redução brusca dos salários oferecidos.

Como consequência desse processo, essa dita liberdade do trabalhador se torna uma falácia, uma vez que ele não tem, sequer, diante dos Neo-escravocratas, chance de pleitear o recebimento de melhores salários, dado que a fila de desempregados formados para ocupar a sua vaga, dispostos inclusive a receberem menos do que ele recebe, é extensa, imensa.

II. 3 CAPÍTULO - A DEFESA DA TOLERÂNCIA RELIGIOSA

Ao longo da história, visando também favorecer o desenvolvimento do comércio, sempre houve um posicionamento favorável da burguesia e/ou do capitalismo em ralação à defesa das múltiplas religiões e/ou concepções religiosas, uma vez que, segundo eles, nas relações de compra e venda, elas não fazem a menor diferença.

Sobre essa questão da tolerância religiosa, entretanto, é também preciso se pensar que, a igreja católica, historicamente, condenava o enriquecimento através do comércio, não somente por vê-lo, entre outras coisas, como uma forma de se aprofundarem as desigualdades sociais e econômicas entre os homens, mas também para tentar frear o poder econômico da burguesia que à época já se formava. Segundo a igreja católica, esse processo se dá quando aquele que vende, dependendo da demanda de compradores por um produto ou serviço qualquer, estabelece preços aviltantes, excluindo do acesso ao mesmo àqueles que não podem comprá-lo para manter o próprio sustento.

Era natural que a burguesia pensasse em criar uma nova religião e/ou então apegar-se a uma que tivesse ideias favoráveis ao enriquecimento através do comércio e, portanto, fosse contrária aos preceitos católicos: essa nova religião era o chamado protestantismo.

Como salientado por Max Weber, no seu livro "Ética protestante e o espírito do capitalismo", existe uma ligação estreita entre o desenvolvimento do capitalismo e a formação das colônias de povoamento, especialmente aquelas estabelecidas a partir de Calvinistas, Anglicanos e Luteranistas que fugiam das perseguições religiosas sofridas pela Igreja católica, dando origem a América do norte, hoje EUA e Canadá. O que se quer dizer, entre outras coisas, é que:

> O capitalismo não defende a igualdade religiosa, mas o contrário: ele historicamente defende religiões que não se opõem ao enriquecimento através do comércio.

Nesse sentido, se, hoje, tanto a igreja católica, tanto quanto outras religiões quaisquer não se opõem ao capitalismo, ele então tem também nenhuma razão para se opor a elas.

II. 4 CAPÍTULO - A DEFESA INTRANSIGENTE DO DIREITO DE PROPRIEDADE E/OU DA LIBERDADE ECONÔMICA

Para os capitalistas, a defesa do direito de propriedade é uma consequência natural da defesa do direito jurídico de igualdade, na medida em que é também, segundo eles, a partir dela, do direito de adquirir propriedade, que o indivíduo adquire outro direito: o de poder excluir o outro do uso ou usufruto da sua propriedade.

No que se refere a essa questão específica da defesa do direito de propriedade pelo capitalismo, como já foi mencionado, mas que vale reiterar, pode-se dizer ainda que ela é, na verdade, o sustentáculo de todo o processo de exclusão.

Ou seja, poder acumular capital e/ou concentrar renda cada vez mais nas mãos de poucos é tido como o principal valor, a égide do capitalismo, na medida em que é justamente a partir dela que a sociedade, segundo os mesmos, precisa se estruturar.

Sendo assim, para se estabelecer a garantia do direito de possuir propriedades e, consequentemente, poder excluir o outro dessa propriedade, os Estados capitalistas se utilizam de todas as suas instituições coercitivas; de todas as suas instituições responsáveis pela manutenção da ordem e do controle, como a polícia, os sistemas jurídicos, etc.

Além disso, a fim de se manter a defesa do direito à propriedade e/ou as riquezas cada vez mais nas mãos de poucos, são inseridas na superestrutura dessas sociedades os princípios e valores Meritocráticos, que têm como principal função justificar a exclusão social pela via da má sorte, do pecado cometido, da preguiça, da incapacidade intelectual, etc.

II. 5 CAPÍTULO - A DEFESA, NAS SOCIEDADES CAPITALISTAS PÓS-MODERNAS, DO CHAMADO ESTADO "MÍNIMO"

Para o capitalismo contemporâneo, entre outras coisas, o Estado deve ser aquele que deixa agir livremente os mecanismos de mercado, ou seja, preconiza-se que o Estado deve interferir o menos possível na economia.

No que se refere, pelos capitalistas, a essa questão da defesa do Estado mínimo, deve-se também dizer que o Estado não deve ser uma organização política que utilize verbas públicas para a manutenção de programas sociais, como saúde, moradia, educação, etc. uma vez que, segundo eles, a exclusão social sempre existiu e sempre existirá, ou seja, que ela é uma consequência natural da incapacidade, da preguiça, do azar e do pecado de alguns.

Para eles, investir, por exemplo, em educação, é desperdício de dinheiro público, pois aqueles que não aprendem fazem parte de uma parcela social geneticamente incapaz de aprender. Ou seja, filhos de pais que tiveram insucesso na escola certamente nela também fracassarão.

Segundo essa ótica, o Estado deve investir em infraestrutura e propiciar o desenvolvimento econômico, ou seja, o próprio capitalismo.

Além disso, ainda segundo eles, o Estado deve fomentar o desenvolvimento do terceiro setor, incluindo-se aí o apoio à criação de ONGS e outras instituições destinadas a cuidar paliativamente dos excluídos, como também as igrejas, as ditas instituições filantrópicas e afins, como a família e/ou parentes dos mesmos.

II. 6 CAPÍTULO - A DEFESA DO INDIVIDUALISMO E DA MERITOCRACIA

No que se refere ao Individualismo e à Meritocracia, a inclusão e/ou a exclusão social é/são justificada(s), pelo Capitalismo, com bases numa questão de cunho meramente pessoal, de talento ou incapacidade, ou seja, sorte ou azar; esforço ou preguiça; inteligência ou a dita "burrice".

Isto é, a inclusão e/ou a exclusão socioeconômica dos indivíduos nada tem a ver, segundo os capitalistas, com as políticas econômicas dos Estados capitalistas.

Certamente que esses seis pilares básicos do capitalismo, nas sociedades contemporâneas ocidentais, têm servido, ao longo da história, não somente para o desenvolvimento do mesmo, mas, também, para a sistematização, cristalização e perpetuação da exclusão social e econômica em escala planetária, Global sob a forma de aprovações de leis, pelo legislativo, que favoreçam a manutenção dessa ordem liberal e colocadas para o corpo social como sendo conteúdos-éticos de justiça.

Em outras palavras, esses valores capitalistas, hoje, tanto quanto aqueles construídos através das estratégias de marketing, construídos, sedimentados e difundidos na cultura de massa por meio das ditas instituições educativas, assim como também pelas diferentes mídias e cristalização de leis, têm sido impingidos na psique dos indivíduos, socialmente falando, fazendo com que os excluídos sociais se tornem capitalistas sem, entretanto, ao mesmo tempo, nem mesmo sequer saberem que, de fato, os são.

Essas questões especificas sobre Individualismo e da Meritocracia, por exemplo, estão cristalizadas de tal forma na dita cultura de massa que os indivíduos não somente justificam, a partir do mérito pessoal, a inclusão e/ou exclusão dos outros, mas também as suas próprias, quando, por exemplo, imaginam, sentem e/ou dizem para si próprios, no caso dos excluídos, que:

1- Eu estou nessa situação de exclusão porque não sou inteligente o bastante;

2- Porque não tenho sorte;

3- Porque cometi algum pecado; e/ou então porque sofri alguma espécie de maldição.

E, por outro lado, quando na condição de ditos incluídos, também dizem que:

1- Eu estou próspero porque mereço;

2- Porque sou esforçado;

3- Porque sou inteligente; porque sou competente;

4- Porque sou abençoado;

5- Porque Deus gosta de mim.

Todavia, quando mudam as políticas econômicas dos Estados capitalistas e/ou mesmo ocorre algum tipo de crise, como as da Europa, por exemplo, ocorridas no início do século XXI, que afetam a sociedade global e esse mesmo trabalhador, que se dizia próspero e cheio de qualidades subjetivas perde o emprego, ele entra em colapso, enlouquece. Ou seja, põe em xeque o sentido da sua própria existência, colocando-se muitas vezes a questionar o verdadeiro significado do que vem a de fato ser um ideal amplo de justiça.

UNIDADE III

PSEUDOS PRECEITOS DE JUSTIÇA SOB O ESPÍRITO DO CAPITALISMO

III. 1 CAPÍTULO – O CARÁTER HISTÓRICO DOS VALORES E PRINCÍPIOS LIBERAIS DE JUSTIÇA

I

Sabe-se que as antigas colônias de exploração da America, ainda hoje, não deixaram de sê-las, na medida em que se tornaram, como uma espécie de sociedades anônimas (S.A), fornecedoras de matérias primas baratas para as grandes potências imperialistas do capital. Ou seja, as ditas antigas colônias de exploração, portuguesas e espanholas da América, ainda que ditas colocadas em seus processos de independência político-econômica, entraram no comércio internacional e/ou exterior global:

1- como nações menos industrializadas;

2- como nações não dotadas de significativo desenvolvimento tecnológico, não se

74

acompanhando, assim, as constantes inovações tecnológicas globais, limitando-se, e ainda hoje limitadas, a serem meras fornecedoras de riquezas naturais e/ou matérias primas baratas para os seus, agora, Neo-colonizadores pós-modernos. Em outras palavras, o que se quer dizer é que "a dependência econômica" tem se perpetuado historicamente, além dos séculos e, o pior:

> Sendo concebida, ainda que inconscientemente por parte dos neocolonizados, como se fosse algo extremamente natural, ocasionada em virtude dos pequenos tempos-históricos das ditas civilizações americanas, uma vez que, por meio das outras, das colonizadoras, eram e ainda são estas chamadas de primitivas e/ou subdesenvolvidas.

II

As mazelas catastróficas dessa relação entre explorados e exploradores são a marca cultural - como uma espécie de bomba atômica lançada pelos exploradores sobre os explorados - desse genocídio, nunca punido e/ou, os seus responsáveis, nunca levados aos tribunais, mas vergonhosamente defendidos e exaltados por genocidas pós-modernos, na media em que, por meio de políticas econômicas elitistas que defendem as mesmas atrocidades de antes, ainda hoje fomentam, no alvorecer do século XXI, ideias de desenvolvimento econômico feitas a qualquer preço, sem se levar, por exemplo, em consideração os cerca de mais de bilhão (20% da população mundial) que vive abaixo da linha de pobreza, em condições de extrema miséria.

Essas relações desiguais entre ditos descobridores e descobertos, entre opressores e oprimidos, entre exploradores e explorados, por incrível que pareça, todos os dias está presente nas instâncias judiciárias:

1- De um lado, os ditos tupiniquins, iludidos, guerreando entre si na presença de quem os ilude, prometendo distribuir a "bendita justiça" (Judiciário/magistrados) porque também foram os mesmos iludido pelo Legislativo de que, ela, a bendita justiça, é possível de ser alcançada sem se alcançar primeiro qualquer condição de igualdade política e justiça social;

2- Do outro, aqueles que são sempre utilizados e/ou mesmo se utilizam a si próprios como motivadores (tanto do lado da defesa quanto do da acusação) do espetáculo irracional, ou seja, da briga dos insanos em prol de uns trocados ou da concretização das suas meras sedes de vinganças, que eles também chamam de sede de justiça; de ira racional e/ou mesmo, em alguns países mais radicais, de "guerra santa".

Quanto mais esses motivadores incitam a briga, mais se ganha em honorários. Ao final, não importa quem ganhou ou quem perdeu a tal causa: descobre-se que os únicos reais vencedores foram aqueles que, como lobos vorazes, fizeram os insanos os pagarem para mediar uma briga irracional nos tribunais.

O que se quer também dizer é que o Legislativo, na condição de originado desses históricos opressores, através do exercício arbitrário da razão coletiva do seu próprio corpo político, que supõe que pode criar a lei que quiser, escravizando o Judiciário a punir aqueles que as transgridam, tornam não somente a dita plebe, mas também o corpo social judiciário, reféns desses códigos liberais de conduta. Ou seja, as leis que são criadas pelo Legislativo são da mesma genealogia das leis imperialistas, daquelas ditas irrevogáveis, daquelas que, como a constituição, fazem parte, nas suas essências, dos sustentáculos eternos das relações desiguais impostas pelos capitalistas, como por exemplo, aquelas que regem à sua doutrina econômica de defesa do direito inalienável de propriedade.

III

A conhecida independência das treze colônias Inglesas na America do norte, dando-se origem aos Estados unidos; depois a sua expansão territorial para o sul, chamado na época de novo México; seguida, mais adiante, para o oceano pacífico, sob as bases da chamada "Doutrina Monroe", sob a qual estava sintetizada a ideia da "América para os americanos", onde os EUA passou a apoiar a dita independência das antigas colônias europeias, espanhola e portuguesa, na América do sul, revelam um caráter estritamente ideológico, ou seja:

> As bases constitucionais dessas sociedades (America do norte e América do sul) trazem, em si, os mesmos valores capitalista subjacentes ao pensamento iluminista, o mesmo que deu origem à constituição, após a Revolução Francesa, da sua Democracia Liberal, como também os seus respectivos

pseudo-ideais de Liberdade, Igualdade e Fraternidade.

Isto é, determinadas leis são imperialistas na medida em que a colonização, hoje, tem se dado pela obediência irracional a elas; na medida em que, elas, essas leis do capital, foram impostas aos ditos não mais colonizados; aos ditos independentes e, que, hoje, se traduzem em formas de domínio que estão na raiz de muitas nações que se dizem (alienadamente) livres e/ou dotadas de soberania política.

Na verdade, frise-se:

> "O Poder Econômico presente no Legislativo, nessas Democracias Liberais, apesar de sempre se mudarem os legisladores, os governantes, mantém-se no poder há séculos."

O Legislativo, nessas sociedades liberais, é o poder daqueles que, em algum momento da história,

80

saíram-se vencedores e, nesse sentido, visando-se manterem-se no poder pela eternidade, começaram a inventar leis que os mantivessem sempre sob o poder do mesmo status quo e, sendo assim, logo depois criaram o Judiciário, ou seja, aquele que tem sobre si o poder coercitivo de fazer valer o respeito aos códigos de leis, os códigos de submissão a ordem do capital antes, durante e após sempre as mesmas serem pré-estabelecidas como sendo verdadeiros ideais de justiça (Normas jurídicas).

IV

Vale redizer que, ao longo de séculos de exploração, o Judiciário tem sido um mero apêndice do Legislativo. E mais: se o Judiciário e, mais especificamente, nesse caso, o judiciário internacional fosse de fato independente como querem nos fazer crer alguns, aqueles que lançaram a bomba atômica sobre o Japão teriam entrado no banco dos réus e sido devidamente condenados por seus atos genocidas. O mesmo vale dizer para a era J.W Bush, com suas atrocidades cometidas no oriente médio que, como muitos outros genocidas dos impérios capitalistas, nunca sequer foram indiciados por suas atrocidades cometidas ao longo da história.

Se a lógica do texto muitas vezes parece desconexa, hermética e prolixa, não é propriamente por demérito, mas pela própria complexidade do assunto aqui tratado.

Na verdade, a matéria aqui discutida sempre esteve distante da sociedade civil, ou seja, sempre foi apresentada de forma codificada por uma determinada casta durante os séculos de exploração e dominação dos povos ditos primitivos. Como se sabe, ideologicamente, nem mesmo os códigos de leis são, ainda hoje, ensinados nas escolas, nas ditas instituições educativas. Caso fossem, seriam devidamente questionados e postos à prova da justiça à luz dos questionamentos da razão.

Os imperialistas do capital, aqueles que ao longo da história se dotaram do costume arbitrário de fazerem valer as suas próprias vontades sem serem punidos, por incrível que pareça, ainda hoje estão, em pleno alvorecer do séc. XXI, no poder, sob as suas diferentes faces de lobistas, a cada eleição e/ou reeleição, fazendo valer para a sociedade somente o que manda o poder econômico por meio do Legislativo.

Ou seja, mudam-se as formas, os simbolismos, os discursos, mas as relações capitalistas de poder mantém-se incólume com as ortodoxias dos seus valores. Em outras palavras, mantém-se, como certa vez escreveu o pensador Italiano Norberto Bobbio no seu livro "O conceito de sociedade civil", enquanto conteúdo-ético de Estado, sistematizados na superestrutura das sociedades capitalistas ocidentais pós-modernas.

III.2 CAPÍTULO – AS GRANDES ILUSÕES DO PODER JUDICIÁRIO NAS SOCIEDADES CAPITALISTAS PÓS-MODERNAS

Os invadidos e ditos "descobertos", durante o período colonial, não puderam reivindicar a bendita justiça, pois, na condição de ditos primitivos, não conheciam os códigos, os tais códigos de leis imperialistas que, ainda hoje, apesar das suas ditas independências, as regem.

Isto é, foram julgados "descobertos", tal qual estando-se perdidos e/ou escondidos e, finalmente, "graças aos colonizadores", encontrados.

Hoje, a ideologia do capital, por meio da coerção do judiciário, quer nos fazer pensar que, para se chegar a tal da bendita distribuição da justiça, punir o dito transgressor das leis imperialistas, é algo pedagógico, ou seja, é lembrá-lo de que não se pode e/ou não se deve continuar perdido, à margem delas, das sociedades elitistas e excludentes do capital.

Em outras palavras a mensagem punitiva é bem simples: as leis, em qualquer lugar que pudesse vir a se encontrar o transgressor delas (o ser primitivo), o encontrariam, ou melhor, o descobririam de qualquer maneira, a qualquer tempo, em qualquer lugar.

Nesse sentido, não aceitar ser descoberto por ela, pela lei, é querer fugir dela, e, quem foge, segundo as instituições coercitivas, é porque deve, já que, para eles, também só "teme quem deve e/ou quem não deve não teme."

Todavia, mesmo diante do que nos diz a história, talvez o Judiciário, ainda crendo-se e/ou querendo crer que de fato ele é um poder independente; ainda crendo e/ou querendo-se crer que ele de fato se sobrepõe e/ou de fato é também um poder tão poderoso quanto, nas sociedades capitalistas pós-modernas, o é o poder Legislativo, ingenuamente nos diga:

> "Nós, o corpo Judiciário, temos autonomia e independência para julgarmos todos os outros poderes, sem sermos, todavia, julgados por nenhum deles."

Responder-lhes-iam então os intelectuais progressistas, em nome dos historicamente excluídos, se, nesse caso específico, quisessem e/ou pudessem ser ouvidos:

> "Essa é somente mais uma das suas inúmeras falácias! Aqueles que criam as leis injustas, criam também, por exemplo, as leis que dão a eles a tal da dita imunidade parlamentar e, nesse sentido, o direito de serem intocáveis e, mesmo quando incorridos em crimes, de serem julgados por eles próprios, ainda que de forma indireta, sem interferências externas."

Ou seja, o Legislativo manda no judiciário, e, este, por sua vez, através das instituições coercitivas que têm ao seu dispor, obedece ao mesmo, exercendo poder e/ou punindo com severidade somente os membros do povo, os ditos cidadãos comuns.

Isto é, como uma espécie de camisa de força social urbana, o judiciário apenas escolhe a quem distribuir a tal da dita bendita justiça-punitiva, aquela que é bem entendida por ele como uma cartilha que precisa der obedecida e copiada do Legislativo (poder que realmente a criou).

E dir-lhes-iam mais os intelectuais progressistas, em nome do povo, caso pudessem ser ouvidos:

> "Os militares, por exemplo, quando degeneram, são julgados pelos seus próprios tribunais e, somente em alguns casos específicos são levados à justiça dita comum."

Sendo assim, a questão novamente nos persegue:

> "O judiciário, em todos os seus níveis, em todas as repúblicas capitalistas que se

conhece, não passa de uma espécie de espírito zombador que julga estar consciente quando, na verdade está possuído pela ideia de que é de fato um poder, não se passando, todavia, de um mero fantoche, staff, capataz, menino de recado, cão de guarda e/ou matador de aluguel da máquina opressora do poder Legislativo que o Estado Liberal detém."

Por outro lado, complementando-se as proposições até aqui colocadas, mas num outro viés, há a questão da coerção ideológica.

Ou seja, não se estuda finanças na ditas instituições educativas para não despertar, no povo, no grupo dos historicamente excluídos, a consciência de que o Brasil, como tantos outros povos que foram e ainda continuam sendo colônias de exploração, na verdade, não é nem nunca foi de fato e de direito reconhecido pelo capitalismo internacional como sendo um país, mas como uma empresa S.A: isto é, uma empresa-país criada pelos seus antigos colonizadores com os investimentos de múltiplos financiadores, os europeus, cujo menor era a coroa Portuguesa, e, sendo assim, logo depois de inicialmente explorado, foi "vendido", passado de mãos, passado a outros investidores, com maior cabedal econômico, representantes do capitalismo internacional que se formara.

O que se quer dizer, embora não queiram e/ou não consigam enxergar alguns ou muitos, é que não existe nem nunca existiu independência do Judiciário em relação aos outros ditos poderes, muito menos em relação ao Legislativo porque, historicamente, nunca houve também, no Brasil, aquilo que verdadeiramente, em relação aos antigos e novos colonizadores, chama-se ingenuamente ainda hoje de independência político-econômica.

III.3 CAPÍTULO – AS ILUSÕES QUE O POVO E O JUDICIÁRIO (NAS SOCIEDADES OCIDENTAIS CAPITALISTAS CONTEMPORÂNEAS) TÊM EM COMUM

Em todas as suas formas de Estado, o Brasil, para os donos do capital nele investido, não passa de uma corporação lucrativa que faz o seu povo, como escravos assalariados do capital, trabalhem para pagar altos impostos que, por sua vez, serão utilizados para o pagamento de juros de dívidas com os credores internacionais que, por sinal, nunca terminam. Além disso, há ainda certa "camaradagem" entre exploradores e explorados, quase se dando de graça matérias primas para os históricos inimigos comerciais e, na mesma via, comprando-se tecnologia, produtos industrializados dos mesmos a preços absurdamente superiores, afetando-se diretamente, há séculos, a balança comercial Brasileira, que quase sempre se encontra em déficit. Ora, que o Brasil é financeiramente um ativo[1] para o capital internacional, todos sabemos.

Sabe-se também que, para o bolso dos próprios Brasileiros, não passa de um imenso passivo[2] que, todos os dias, através dos altos impostos cobrados, retira dinheiro dos ditos cidadãos à revelia, isto é, roubando-os, pautados nos coercitivos códigos de leis Liberais.

E, o pior: dizendo que isso, ou seja, que pagar altos impostos de maneira obrigatória, é também sinônimo de justiça.

O Brasil, através da sua imensa carga tributária, é um ativo para os seus explorados externos. Ou seja, pagando juros dessas dívidas externas que nunca terminam ele é também, em contrapartida,

---

[1] Ativo, em finanças diz respeito aquilo que gera dinheiro e/ou lucro para o seu investidor.

[2] Passivo, ao contrário de ativo é aquilo que dá prejuízo e/ou não gera lucro.

amparado pela dita legalidade (código de leis liberais):

1- O roubador do povo e, por esta via, o provocador da sua insônia;

2- O provocador, neles, no povo:

    a- Do consumo absurdo de álcool,

    b- De Carne vermelha em excesso,

    c- De ansiedade,

    d- De taquicardias,

    e- De depressão,

    f- De síndrome do pânico, não medida em que faz o povo alienadamente sonhar com o dia em que finalmente terá:

    g- Acesso a tal da bendita justiça;

    h- A sonhar com o dia em que irão ganhar na loteria; e ou então:

    i- Com dia em que terão outro presidente lula para elegerem como se ele, sempre sorridente e omisso, tivesse a face da bendita justiça, nesse caso, a social.

Na verdade, o Povo e os Magistrados têm a mesma ilusão como algo em comum:

1- Os primeiros acham que quem manda é o presidente (Executivo);

2- E, os segundos, acham que quem manda é Judiciário, ou seja, eles próprios.

Em outras palavras, ambos (o povo e o judiciário, não se sabe se pela ideologia e/ou se, posteriormente, pela alienação e/ou pela ignorância), não conseguem, em muitos e não raros casos, descobrirem e/ou enxergar, nas sociedades capitalistas pós-modernas, aquele que realmente nelas e neles manda: o poder Legislativo.

III.4 CAPÍTULO – O IMPÉRIO DO LEGISLATIVO SOBRE O JUDICIÁRIO E SOBRE O EXECUTIVO: O DIREITO DE PROPRIEDADE COMO BALUARTE DOS ESTADOS CAPITALISTAS

I

Pode-se dizer também, nesse sentido, que, tanto o Executivo quanto o Judiciário - ainda que se neguem, por uma questão de mera ilusão ou vaidade, a quererem ouvir - se comparados ao Legislativo, não podem ser definidos como sendo de fato poderes como dizem que são, mas, apenas, como apêndices do mesmo. Mesmo o dito poder de veto do Executivo, só teria valor, se, ele, qualificado na pessoa do seu representante, pudesse, de forma arbitrária e ostensiva, retirar dos cargos públicos qualquer legislador, enquanto corpo, que ousasse lhe importunar ou não acatar as suas decisões.

A quantidade excessiva de Legisladores é exatamente para poder impedir que haja qualquer tipo de coerção do Executivo sobre o Legislativo, tornando assim tanto esse mesmo Executivo quanto o Judiciário, escravos deles, submissos às leis que eles criam através dos seus conluios elitistas.

Ou seja, o Executivo, sem aliados ideológicos no congresso não governa, mas passa a ser governado pelos interesses das elites.

Na verdade, todo tipo de poder político é, ao mesmo tempo, um poder originado do poder econômico e, nesse sentido, também originador desse mesmo poder econômico.

Isto é, ele, esse tipo de poder político centrado no Legislativo foi criado para sistematizar a doutrina econômica do Liberalismo econômico, que se traduz na defesa intransigente do direito de propriedade que, há tempos, se faz implícito na constituição dos países capitalistas e, mais especificamente, daqueles pertencentes às sociedades ocidentais onde esse mesmo capitalismo se desenvolveu.

Dentro desses valores que regem a liberdade econômica desses países, está a dita liberdade, que é a mesma garantida juridicamente aos seus cidadãos não somente como um direito inalienável de poder adquirir e acumular propriedades, seja ela material ou imaterial, mas também o direito de poder, com o auxílio das forças coercitivas do Estado, excluir também os outros do usufruto dessas mesmas propriedades, mesmo quando se tratam de propriedades improdutivas, frutos de lavagem de dinheiro e/ou de capital especulativo.

Sendo assim, para se poderem sustentar esses direitos pautados nos direitos ditos inalienáveis de propriedade presentes nessas sociedades é que, juntamente como a criação do Estado republicano capitalista, sob o símbolo da estátua da liberdade, é que foram criados esses ditos três poderes, que, na prática, como um tirano, se resume em apenas um, o Legislativo e, todos os outros, funcionam como meros apêndices dele, ainda que muitos que os representam finjam não saber.

Comunga-se no senso comum da ideia de que "o Estado é o povo e/ou então de que o Estado é do povo." Todavia, assim como o Judiciário e, mesmo o Executivo, o povo não tem, efetivamente, nenhum poder sobre o Estado: os representantes que, por meio do voto popular, o povo elege, legislam e/ou exercem os seus mandatos, com raras exceções, em nome do poder econômico.

Num sistema de democracia representativa, o povo pode eleger representantes, mas, estes, não agem conforme as demandas do povo, ou seja, eles têm o livre arbítrio e/ou o direito arbitrário de fazerem com os seus poderes políticos, na prática, o que bem ou mal entendem, aprovando ou não leis de acordo com os seus interesses pessoais e/ou de grupo. No que se refere ao uso ideológico das mídias pelas elites, pode-se também dizer que o povo não tem poder algum, uma vez que a chamada opinião pública, quando se manifesta e se coloca como força social para que os legisladores tomem ou não determinadas posições políticas, não é, nem de longe, a verdadeira opinião do povo. Isto é, o povo não é nem ouvido e nem tampouco levado a sério, mas, entorpecido diuturnamente para se mobilizar ou não em prol de causas elitistas, como se fossem estas suas, tal qual ocorrido na conhecida chamada Revolução Francesa, e, também, em muitas outras, ao longo da história.

II

Ou socialistas radicais e, mesmo os anarquistas ortodoxos, sendo assim, não conseguem tomar o poder e, mesmo quando tomam, não conseguem se manter por muito tempo nele. Quase sempre, tentando-se evitar uma posição reacionária das elites, ainda que de forma paradoxal, instituem, ainda que inicialmente, quase sempre algum tipo de ditadura, visando-se manter esse novo status quo, mas quase sempre sem sucesso. Isto é, o domínio capitalista, além de ser valorativo e econômico (incorporação dos valores do capital), é também jurídico: estão impregnados nas psiques dos seres sociais as ideias do direito inalienável à propriedade privada.

Por exemplo, se um indivíduo que se diz socialista tiver, numa dada situação social, os seus direitos de propriedade violados e/ou desrespeitados, ele, ainda que inconscientemente, procurará os meios coercitivos desse mesmo Estado para poder fazer valer os seus direitos de propriedade, que são o baluarte dos Estados capitalistas.

Ou seja, os socialistas buscam a igualdade política pela via da igualdade social; e, os anarquistas buscam a igualdade econômica pela via da igualdade política, pelo fim do Estado. Todavia, os valores do liberalismo econômico, centrados estes na defesa intransigente do direito de propriedade, estão presentes nos modos dos cidadãos - enquanto hábitos e costumes - de existirem enquanto seres sociais pertencentes às sociedades capitalistas.

Os cidadãos, em ditas sã consciência, ao supostamente terem os seus carros roubados e/ou as suas residências furtadas, entenderiam esses atos como sendo processos arbitrários de redistribuição de riquezas e/ou propriedades e recorreriam aos órgãos coercitivos do Estado para tentar punir os ditos ladrões e reaverem os seus bens.

Karl Marx, hoje, no alvorecer do século XXI, não ousaria, por exemplo, afirmar que a sociedade capitalista, por ser uma classe política que tende a desagregar mais membros do que propriamente agregar, seria naturalmente incorporada pela sociedade civil, dando origem natural a uma

100

suposta e dita sociedade capitalista, porque, no capitalismo pós-moderno, as exclusões sociais estão sempre ocorrendo, mas o domínio do capital se dá, na mesma medida, por meio da socialização dos seus valores às massas de excluídos.

Ou seja, os proletários de hoje, não se veem nem se sentem como pobres porque, mesmo sem lhes serem aumentadas as suas rendas, lhes é aumentado o poder de consumo, mediante o acesso a créditos por meio de compras parceladas, fomentadas estas através das políticas econômicas capitalistas de Estado.

Em outras palavras, os proletários de hoje, apesar de serem pobres, pensam como se fossem e/ou se quisessem ser ricos. Os proletários de hoje são o mesmo que uma espécie paradoxal de "ricos sem dinheiro". Os princípios do capitalismo, sua raízes, estão muito além do conceito comercial mercantilista de comprar e vender, de ser consumista, de acumular riquezas.

III

Há também outra questão, complexa por sinal, que envolve a dominação da psique humana, envolvendo questões éticas, morais, culturais, etc., que fazem com que um determinado grupo social seja dominado sem saber, ou seja, achando que é livre e que age de acordo com os seus reais valores e/ou vontades.

Além disso, a partir dos séculos XV e XVI, as histórias das sociedades se confundem com a dos tipos específicos de capitalismos subjacentes a elas, em seus códigos éticos e morais, mostrando-nos que, como um ente espiritual, o capitalismo sempre se reestrutura seguindo um crescente princípio de resistência.

Não se poderia supor, todavia, que os princípios do capitalismo se confundissem com os mesmos dos burgueses, que nascessem e estivessem presentes nos burgos, representados sob as condutas dos comerciantes, sintetizada no "viver para trabalhar e poupar" a qualquer preço.

A burguesia, embora não saibam alguns, possui um código de ética subalterno, diferente da filosofia econômica do capitalismo. O burguês, na idade média, era o vassalo ou servo, pertencente ao terceiro estado que, pela submissão ao trabalho árduo e ao hábito de poupar, desenvolvendo certo espírito de avareza, longe da busca por conforto material, dedicando-se também ao comércio, buscava acumular riquezas.

O Capitalismo se configura, entre outras coisas, com a preocupação política de manutenção das riquezas e da ordem estabelecida, de modo que, a partir dos seus valores, o dinheiro é que passa a trabalhar para eles e não o contrário.

UNIDADE IV

OS IDEAIS PROGRESSISTAS DE JUSTIÇA

IV. 1 CAPITULO - OS IDEAIS PROGRESSISTAS DE JUSTIÇA

I

Como mencionado no início, diz-se no meio político que, "quando ninguém é capaz de estabelecer o que é justo, alguém precisa estabelecer o que é e/ou deve ser Direito (normas jurídicas)".

Deve-se, todavia, dizer que toda norma jurídica de uma dada sociedade é e/ou deveria ser um fenômeno material, concreto, cultural, já que historicamente, ela, essa mesma sociedade, se modifica dialeticamente.

Nesse sentido, se a norma jurídica (Direito) é e/ou deve ser um fenômeno histórico, dinâmico, não se pode conceber também o ideal de justiça como aquilo que corresponde somente à legalidade; somente à observância e/ou à obediência cega ou domesticada a essas mesmas normas jurídicas e, nem, muito menos, confundir-se com estas. Isso pelo fato de que, nas sociedades ocidentais capitalistas contemporâneas, erguidas estas sob as bases da chamada Democracia liberal, as leis (normas jurídicas), por uma questão ideológica, estão - enquanto conteúdo ético artificial de Estado - divorciadas da cultura, da moral e da razão, girando em torno da sistematização dos valores capitalistas, pautados estes no Individualismo, na Meritocracia, no consumismo e na Mercantilização de todas as coisas, sejam elas materiais e/ou imateriais, sob a face de uma espécie de ditadura do Legislativo, cujos seus representantes são financiados pela elite econômica (donos de bancos e grandes empresas), transformando, na mesma via, o Judiciário e o Executivo em meros apêndices dele.

Sendo assim, segundo as normas jurídicas dessas sociedades capitalistas ocidentais contemporâneas, é-se tido como ilegal e injusto, por exemplo, fazer greves e, numa outra via, que diz respeito à manutenção do dito direito de propriedade, invadir, de forma individual ou coletiva, propriedades ditas alheias. Nesse sentido, as normas jurídicas artificiais, que estão ideologicamente fora da história, procuram transformar em criminosos e transgressores delas, dessas mesmas leis elitistas, os cidadãos participantes de Movimentos sindicais que fomentam e/ou promovem greves em busca de melhores salários, condições de trabalho, moradia, etc., ou mesmo, numa outra via, grupos indígenas que, também as contrariando, invadem fazendas improdutivas, dizendo serem estas, há séculos, de suas propriedades.

Estes, sem dúvida, como tantos outros movimentos sociais e/ou populares, como também no caso dos sem-teto, desafiam, na mesma medida, essa ideia de justiça pautada na obediência cega e/ou passiva às leis e/ou normas jurídicas elitistas criadas pelo Legislativo presente nas democracias liberais e demonstram, na vida concreta, na história, que elas estão longe de serem sinônimas de justiça. Ou seja, nos trazem a ideia de que "nem toda ordem é justa e/ou persegue os ideais de justiça".

Em outras palavras, apesar de existirem aqueles que, como Goethe, prefere à injustiça à desordem, pode-se dizer que a busca e/ou a luta pelo ideal de justiça pode exigir, por si mesma, em muitos e não raros casos, que se ultrapasse a ordem legalmente estabelecida, seja por meio de movimentos sociais, seja por meio da busca pela mudança dos valores capitalistas que regem a superestrutura estatal, fundamentados estes naquilo que se convencionou chamar de democracia liberal.

II

Numa perspectiva progressista de justiça, todavia, ela, a justiça, se torna um ideal que foge dos rigores de obediência cega aos códigos de leis injustos: isto é, coloca-se como um modelo de igualdade não somente jurídica, mas, também, primeiramente, de igualdade política para legislar, por meio de assembleias populares, etc., e também de condições, as quais deve se submeter todo e qualquer poder político personificado sob a face do Estado.

Isto é, o ideal de justiça não é o mesmo que o império das leis sobre os homens, dado que, nessas sociedades capitalistas, por não haver também igualdade política e "justiça social", os homens não são concebidos e nem tratados concretamente como sendo iguais.

Uma ordem jurídica qualquer, para estar dentro do ideal de justiça progressista; para ser legítima, antes, precisa ter origem na vontade popular e/ou que esteja longe dos modelos representativos de poder. Esses, como se sabe, já demonstraram que não funcionam na prática, pois os políticos, em especial os legisladores, depois de eleitos, fazem deles, com os seus poderes políticos, o que querem por meio de conluios, sistematizando ainda mais as desigualdades política e sociais.

Não nos resta dúvida de que, sociopoliticamente, esse conluios feitos pelos legisladores com o poder econômico, presentes nas sociedades capitalistas pós-modernas, são um posicionamento *conservador* e não *progressista* de justiça.

Suas raízes vêm da chamada Revolução Francesa: Daquela revolução em que a burguesia se utilizou do povo para tomar o poder e, ao tomá-lo, tornou-se conservadora, estabelecendo duas simples medidas:

1- A divisão do dito poder supremo do antigo monarca deposto em, agora, ditos três poderes (Executivo, Legislativo e Judiciário), buscando-se, com isso, embora não saibam ainda alguns, enfraquecer não somente o

110

poder centralizado, mas também o judiciário, na medida em que, para eles, para os burgueses, só lhes interessavam, de fato, o controle de um poder, entendido como sendo o único, real e verdadeiro poder: o Legislativo.

2- A criação de uma constituição sem a interferência direta do povo, ou seja, um Código de Leis e, especificamente, naquele momento histórico, o chamado "Código Civil de France".

Leo Huberman, no seu livro "A história da riqueza do homem", discorrendo sobre a forma da mudança dos valores monárquicos na França pós-revolução, feita pelos capitalistas na instauração do código civil, que serviu também de modelo para a revolução industrial ocorrida na Inglaterra e para muitas outras revoluções capitalistas, como, por exemplo, a da independência das treze colônias inglesas nos Estado unidos, como também muitas outras na América do sul, escreveu:

> "O Código tem cerca de 2.000 artigos, dos quais apenas 7 tratam do trabalho e cerca de 800 da propriedade privada. Os sindicatos e as greves são proibidas, mas as associações de empregados permitidas. Numa disputa judicial sobre salários, o Código determina que o depoimento do patrão, e não o do empregado, é o que deve ser levado em conta. O Código foi feito pela burguesia e para a burguesia: foi feito pelos donos da propriedade para proteção da propriedade".
> (Huberman, Leo. A história da riqueza do homem. Rio de Janeiro, Zahar, 1973. P. 162)

Ou seja, o capitalismo se instaurou também a partir de uma revolução cultural, por meio de valores, buscando consolidar-se enquanto classe hegemônica no poder, visando impedir assim qualquer espécie de prática reacionária.

Nesse sentido, a classe política precisava de um único poder para controlar o Estado: o Legislativo. Por meio deste, por exemplo, se poderia transformar o princípio do direito de propriedade, que se traduz como cerne e/ou essência do capitalismo, num direito sistematizado e chamado de "inalienável", ou seja, de essência "jusnaturalista", assemelhado, como ideia, ao princípio jurídico do direito à vida.

Os outros ditos dois poderes, o Executivo e Judiciário, seriam meros apêndices dele, na medida em que, cada um aos seus modos, somente fariam o que ele mandasse, como fez Napoleão Bonaparte, a mando da Burguesia depois dela mesma ter, com a força do povo, deposto o monarca.

Em outras palavras, o "direito dito inalienável à propriedade privada", que serviu de modelo para a realização das constituições de vários países capitalistas no mundo, assim como vários outros

113

princípios e valores do capitalismo, agora poderiam, com a burguesia no controle do poder legislativo, serem instituídos como os mesmos que: "Leis ditas "irrevogáveis", tornando esses mesmos valores, também, como corolários, em conteúdos éticos de Estado."

Por meio desse conceito "histórico-conservador" de justiça é que, apesar dos dinamismos sociais, politicamente nada e/ou quase nada, nessas sociedades, essencialmente tem mudado. Isto é, nelas, tornam-se estáticas não somente as desigualdades sociais, mas também controlados os ditos "poderes" Executivo e Judiciário, assim como todas as correspondentes instituições coercitivas que fazem parte dos Estados Liberais, passando-se, esta última (Judiciário) ser concebida, pelos mesmos, apenas:

> "Como "cão de guarda" e/ou "capataz" do sistema capitalista que, sem direito a qualquer "livre-arbítrio" para racionalizar

suas decisões, executa friamente as "ordens legais" (normas jurídicas), transformando-as em ditas "ordens judiciais".

Nesse sentido, os lobismos para aprovação das leis, nessas sociedades, demonstram que, enquanto os bancos e as grandes corporações forem os principais financiadores de campanhas políticas para o Legislativo (deputados, vereadores e senadores), pouco importa o povo, através do sufrágio universal, escolher o presidente (Executivo), uma vez que esse não governa sem uma obediência, ainda que indireta, ao primeiro e, o Judiciário, por sua vez, por ser um mero apêndice também do primeiro, pelo papel da coerção que lhe cabe, tem tido a função de garantir esse mesmo "status quo" sociopolítico e já há séculos pré-estabelecido.

Ou seja: sistematizado como modelo de justiça e/ou de democracia liberal.

III

Os ideais progressistas de justiça, todavia, caminham na contramão desses valores da democracia liberal e, sintetizados, conduzem-nos a ideia da busca da igualdade política de justiça social como sendo as justiças primeiras, postulando-se que "é preciso oferecer, por vias políticas públicas, não somente a cada um segundo as suas capacidades e necessidades, mas também espaços públicos diretos à participação política dos cidadãos.

A justiça, nesse sentido, pode-se assim dizer:

> "Deve ser o mesmo que o império da busca pela justiça, não somente sobre os homens, mas também sobre as próprias leis elitistas."

Os direitos fundamentais do homem estão acima das leis, dos governos e dos Estados, e uma ordem jurídica justa é construída a partir deles, incorporando-os.

"Onde estes direitos não existem, estamos em face de uma sociedade com regras deliberadamente arbitrarias, e as ações do Estado não têm a neutralidade e a imparcialidade" que lhe deveriam configurar. (BARBOSA, Julio Cesar Tadeu. O que é justiça. São Paulo: Brasiliense. 1984. P. 78)

Pensa-se aqui, assim, que a ordem jurídica só tem sentido de legitimidade quando tem origem (além da ideia do direito ao voto, como sinônimo de democracia representativa), através de plebiscitos, etc., isto é, na expressa e direta vontade popular.

IV. 2 CAPITULO – A "JUSTIFICAÇÃO" DAS LEIS COMO PRESSUPOSTO PARA O ALCANCE DA JUSTIÇA

I

Avançando-se sobre as questões primeiras relativas às Arbitrariedades do Legislativo, e, na mesma via, supondo-se que um árbitro qualquer, longe de conluios e/ou de uma suposta incompetência técnica, respeitando-se efetivamente assim os códigos de leis, queira de fato exercer uma prática virtuosa e não viciosa objetivando alcançar e/ou "distribuir a bendita justiça" (por meio do julgamento do mérito de suas ações magistrais), a nossa primeira indagação é:

> "Se, para ser justo, o árbitro precisa, antes, "respeitar a lei", não podendo ser arbitrário, não competiria então a ele próprio, ao árbitro, o dever de julgar

primeiro - antes mesmo de julgar o mérito de qualquer ação - o suposto caráter justo de uma dada lei que lhe pareça e/ou mesmo lhe soe como sendo essencialmente injusta, por ser esta também muitas vezes elitista, particularista, clientelista, fazendo com que suas decisões, à revelia da sua suposta competência magistral, pesem sempre mais para um dos lados da balança da justiça?"

Isto é, "não deveria o árbitro e/ou mesmo o Judiciário "justificarem primeiro as leis", antes mesmo que ele, o árbitro, venha a ter que julgar como injustos e/ou criminosos aqueles que são colocados como transgressores delas?" Pensa-se o seguinte: "quando as leis de uma sociedade, criadas pelos ditos representantes do povo, são e/ou soam como sendo injustas por serem:

1- Elitistas,
2- Particularistas,
3- Xenófobas,
4- Divorciadas da cultura,

5- Da ética,

6- Da moral,

7- Da lógica da razão e, mesmo,

8-Do bom senso, o judiciário não deveria, através do seu corpo, na instância que couber e/ou por meio dos ministérios públicos, primeiro intimar, indiciar, processar e/ou punir os seus criadores e/ou aprovadores?

Ou seja, o judiciário não deveria "julgar, antes, os conluios e/ou os "lobismos" contido na injustiça das leis, antes mesmo que o magistrado, julgando o mérito de uma ação pautado nelas, tenha que julgar injusto quem supostamente a transgrida, soando-se assim como sendo também injusto no seu ato, colocando-se, inclusive, perante o imaginário social, na condição daquele que supostamente a transgrediu e/ou a corrompeu, ao julgar uma dada causa, dando-lhe um determinado e suposto injusto mérito?"

As respostas parecem óbvias, mas não são - existem complexidades nesses óbvios:

Por exemplo, as leis que envolvem a carga tributária (já que os cidadãos trabalham quatro meses no ano somente para pagarem impostos), caso fosse feito um plebiscito, certamente a sociedade as considerariam um furto ou roubo – feita por meio da coerção e arbitrariedade do Estado - aos seus ditos cidadãos e, nesse sentido, os seus criadores, os lobistas do Legislativo (caso não houvesse a tal da imunidade parlamentar criada por eles para eles próprios) e os financiadores de suas campanhas (bancos, empresários, etc.) seriam indiciados por, no mínimo:

1- Formação de quadrilha;

2- Mau uso do cargo público;

3- Peculato;

4- Favorecimento pessoal;

5- Prevaricação;

6- Crimes contra a humanidade, etc.

Ou seja, se a voz do povo fosse a voz de Deus ou se o Estado realmente fosse do povo, o povo diria, se pudesse ser ouvido, ainda que talvez na voz de algum intelectual progressista, que:

> "A injustiça criada pelo poder Legislativo, através da impetração de determinados projetos de leis e não de outros, com suas corruptas votações e aprovações, em nome do povo, são genocidas, criminosas e, acima de tudo, dolosas..."

E mais:

> "Os danos sociais causados pelos beneficiados da aprovação dessas leis são historicamente incorrigíveis, impagáveis, na medida em que também há "omissão" daqueles que teriam o dever de exercerem o poder de correção".

Por esta via, deve-se pensar que:

> **"Os magistrados, antes mesmo de julgarem o mérito de qualquer ação, deveriam ter também claro que as suas funções são as de vitalizarem a justiça e,**

122

sendo assim, querer julgar qualquer mérito sob a égide de um código de leis que, antes, a priori, seja ou soe como sendo injusto é, também, paradoxalmente, caminhar em sentido oposto ao dela, ao da própria justiça."

A terceira questão é:

Se a vontade da justiça deve transpassar as vontades individuais, ou seja, se deve trazer sobre si, em sua essência, sob o caráter da imparcialidade do julgador, o máximo de "equidade e de justiça" para todos os envolvidos, não seria ela, a justiça, que deveria ser capaz, também, de criar mecanismos democráticos onde, a partir deles, se pudessem criar leis justas, ou seja, leis não particularistas, minoritárias, partidaristas, lobistas, criadas e aprovadas estas para favorecerem empresários, grupos elitistas ou mesmo criadas e aprovadas somente para beneficiarem o candidato "a" e/ou "b" em época de eleição?

Responderiam os intelectuais progressistas, talvez em nome da mesma massa de injustiçados, caso os tais legisladores os quisessem, por entenderem como também justo, ouvi-los:

> *"Quando as leis são e/ou soam como sendo injustas, por uma questão natural de resistência à elas (a essas leis lobistas, particularistas, elitistas, etc.), a sociedade, ainda que inconscientemente dos seus cidadãos, tende à sabotagem e/ou à transgressão das mesmas, transformando o ato de transgressão, ainda que inconscientemente, numa espécie de "hábito cultural", ou seja, como se fizessem um pacto com atitudes, ações de desrespeito e insubmissão às, mas crendo-se estarem agindo virtuosamente, isto é, indo de encontro à própria justiça."*

Por esta via, pode-se dizer que, quando as leis aprovadas são vistas e/ou sentidas pelas massas como sendo instrumentos particularistas de poder, criadas e recriadas por uma elite de maneira dolosa ao corpo social, e não há contrapartida dos magistrados e nem tampouco do judiciário como um todo, supõe-se que o poder político (no Legislativo – elite econômica, onde os maiores financiadores de campanhas são os bancos e as grandes empresas) não se trata de um dos três poderes, como rege a ideológica e/ou alienada constituição, mas do único e real poder. Ou seja, trata-se do único e real poder que - ao Legislar sozinho, sem a interferência ou participação real e efetiva dos outros dois ditos "poderes" (executivo e judiciário) - realmente faz valer, também, nesse sentido, a sua vontade, como se fosse a vontade de todos os cidadãos.

ANEXO
UM PARADOXO POLÍTICO PARA SE PENSAR

I - O JUDICIÁRIO COMO APÊNDICE DO LEGISLATIVO: O CONCEITO CONSERVADOR DE JUSTIÇA SISTEMATIZADO NAS SOCIEDADES CAPITALISTAS OCIDENTAIS PÓS-MODERNAS

Árbitro, na linguagem jurídica das sociedades que possuem Estados Liberais, é o juiz de fato e de direito cuja função é a de (em nome desse Estado que representa, ainda que se diga independente dele) fazer valer, pelo poder da autoridade constituída que lhe é instituída, os códigos da lei (Direito), preconcebidos e/ou tidos estes, por esta mesma elite liberal, como sendo o mesmo que "princípios e/ou conteúdos éticos de justiça (normas jurídicas).

Árbitro, nesse sentido (supõe-se), dentro dessa ótica, é e/ou deve ser o "ente supremo", dotado do princípio da justiça, alcançada esta pela formação técnica da jurisprudência, abrangendo-se os aspectos da ética, da moral e da razão, sintetizados no seu caráter, na sua subjetividade, no seu espírito racional e transcendente.

Isto é, o Árbitro, sob a sua toga, traduzida esta como símbolo do seu estado ilibado, deve, pela sua finalidade constituída que lhe é pelo Estado Liberal Instituída, buscar e/ou perseguir os ditos preceitos de "distribuição da justiça", punindo-se, na mesma via, os possíveis transgressores das leis, colocadas estas, para o corpo social, como sendo sempre "justas porque também legais (criadas e aprovadas pelo Poder Legislativo)."

Em outras palavras, está preconizado que, buscar distribuir a justiça, sob a égide de julgar na imparcialidade do ato subjacente, no mérito concreto de qualquer ação, é, deve e/ou devem ser, em princípio, meio e fim, preconcebidos como o "que fazer" ético e/ou teórico-pragmático do

129

exercício da magistratura. Sendo assim, nesse sentido:

1- Supõe-se também, então, que, "a vontade da justiça, transpassa e/ou deve transpassar as vontades individuais";

2- Supõe-se que não há nem deva haver – nem para os magistrados e nem para os ditos cidadãos comuns – a menor possibilidade deles se sobreporem as leis, ainda que, desrespeitá-la ou transgredi-la, seja uma possibilidade, mas, todavia, "quase sempre" passível de punição.

Diante do exposto, seria correto dizer que, o magistrado, na sua plena independência para julgar e condenar deveria e/ou deve ser sensato o bastante para reconhecer que é e/ou seria incapaz, caso ele próprio venha ou viesse a transgredir e/ou corromper a lei, de estar ilibado o bastante, para poder ousar julgar também a si mesmo, nas suas ações magistrais, no momento ou após o julgamento do mérito de qualquer ação, objetivando-se, por exemplo, validar seus atos.

Ou seja, convencer-se e/ou querer convencer-se, à luz da sua consciência ou das expectativas do seu corpo social, que eles, os seus atos jurídicos, foram e/ou então estão sendo justos ou não numa dada coisa julgada.

Segundo o que rege os "princípios de justiça", alocados estes sob a ideia do "respeito e obediência passiva às leis e/ou normas jurídicas", se o magistrado for, num ato jurídico qualquer, arbitrário e/ou injusto (ainda que ninguém possa, a priori, ser julgado culpado), por uma questão de ética legal do judiciário, supõe-se, deverá ele também, como ente superior que persegue a justiça, dar a outros, externos a sua consciência jurídica, o direito (através de ação impetrada pelo ministério público ou por qualquer outro órgão) de também ser julgado por suas possíveis arbitrariedades.

A condição de árbitro não confere ao próprio árbitro o direito de, também, nas suas ações magistrais, ser arbitrário. Isto é, o Árbitro, como todos os cidadãos, supõe-se, deve estar abaixo das leis, uma vez que, elas, essas mesmas leis, sob a forma de códigos, nessas sociedades capitalistas pós-modernas de tradições liberais, de conluios entre os poder legislativo e o poder econômico na criação e/ou modificação das mesmas, como já foi mencionado, mas, que aqui também vale reiterar, são sistematizadas para o corpo social como sendo sinônimas de Justiça, ou seja, como resultados práticos de ampla sabedoria.

Todavia, como se sabe, por esses mesmos motivos, "as leis, nessas sociedades, não são iguais para todos porque, embora todos sejam considerados, por ela, juridicamente iguais", por outro lado, socialmente, no sentido macroeconômico (nessas sociedades ocidentais capitalistas contemporâneas), quase todos os cidadãos são, também, involuntariamente colocados, enquanto grupos e/ou classes sociais, como hierarquicamente desiguais.

"Corromper a lei", no sentido de ser arbitrário em suas decisões, nem sempre, coloca os árbitros nas condições de transgressores delas, dessas mesmas leis, mas, simplesmente, muitas vezes, como alguém que tomou decisões que, segundo a ótica dos julgados, fez a balança da justiça não pesar e/ou pesar mais para um lado do que para o outro, sendo, nesse sentido, passível apenas, na maioria dos casos, de tentativa de correção por meio de re-correções, em outras instâncias judiciais, das suas decisões, quando ditas mal julgadas por parte daqueles que possivelmente venham a se sentir injustiçados por elas.

O que se quer dizer é o seguinte: os árbitros, assim como outras categorias de seres humanos, diferentemente de quase todos os tipos de cidadãos que se conhece, dado que os homens, nas sociedades capitalistas ocidentais, são socialmente diferentes, são também os únicos que, quase sempre, nos seus atos jurídicos, "podem errar", corrompendo, desrespeitando ou transgredindo os códigos de leis, ao serem, por exemplo, arbitrários nas suas decisões sem serem, todavia, nesse mesmo quesito errante, oficialmente tratados como transgressores das leis, seja nos seus diferentes modos de fazer conluios, seja por aquelas transgressões cometidas por pura ignorância.

Não se está falando aqui daquelas arbitrariedades cometidas que são deliberadamente criminosas, corruptas e que ganham notoriedade nas grandes mídias: essas, quase sempre, são punidas de forma exemplar, objetivando-se tentar limpar a imagem, como um todo, daqueles que são pertencentes ao sistema judiciário.

Está-se falando daquelas ações que, regidas pela subjetividade consciente do árbitro e/ou então pela

134

sua falta de capacidade técnica no exercício da magistratura o faz, nesse último caso, ainda que inconscientemente, fazer também com que a balança da justiça pese mais para um lado do que para o outro.

Em síntese, é de quase todos sabido, que, o árbitro, mesmo na condição de árbitro, não tem competência e/ou legitimidade para também ser "arbitrário" em nome do corpo institucional que representa, diriam os próprios, enquanto corpo de juristas, teorizando a questão.

Ou seja, é-se de quase todos sabido que, o fato de ser árbitro, não coloca o julgador do mérito de qualquer ação no papel e, muito menos, no direito, de exercer a arbitrariedade, nem tampouco o "livre arbítrio" de querer julgar o mérito que lhe aprouver e/ou então o mérito que "bem" ou "mal" entender de uma dada causa, na medida em que, segundo o que se postula na ética da magistratura e/ou do judiciário:

> "Um árbitro, segundo a ética e os princípios dos códigos de leis que o regem, para poder distribuir a "bendita" justiça, isto é, para poder ser justo, precisa, antes de tudo, como todos os cidadãos, respeitar também os códigos de leis".

Em síntese, postula-se que, "no respeito e/ou na obediência às leis", que é tido como um dever de todo o cidadão, está sintetizado o princípio e/ou as prerrogativas do "ideal liberal de justiça." Nesse sentido, não somente os diferentes tipos de cidadãos é que devem respeitar as leis, que se diz serem elas "justas e iguais para todos", mas também os magistrados, pois, na lei, ou melhor, no respeito às leis, segundo os seus criadores (o poder Legislativo), seguindo a essência da democracia liberal, está "a essência da justiça."

Segundo esse *"ideal legal de justiça, corporificado na obediência cega às normas jurídicas"*, um árbitro não pode desrespeitar as leis:

1- Nem para ser corrupto, por meio da realização, por exemplo, de possíveis conluios para as tomadas das suas decisões, tornando-se assim um criminoso; e,

2- Nem tampouco, para tentar equilibrar a balança da justiça quando, por exemplo, venha a querer julgar o mérito de uma causa, levando-se em conta a possível necessidade de transgressão de uma dada lei e/ou de um código de leis que lhe pareça injusto, por ser esta particularista, elitista, etc.

Nos dois casos, quando o árbitro não é somente colocado como mal julgador do mérito das ações que julga, ele, dependendo-se da situação, é colocado como transgressor das leis, ou seja, como criminoso. Por exemplo:

1- Um árbitro não poder ser arbitrário para "vender sentenças", sendo corrupto;

2- E, nem tampouco, também ser arbitrário para poder livrar de uma possível condenação, por furto ou roubo, por exemplo, algum cidadão que, supostamente, tenha roubado ou furtado uma lata de sardinha, num supermercado qualquer, para poder se alimentar, mesmo que se venha a ter provas cabais de que o acusado o tenha feito porque estaria desempregado e/ou com fome.

Nessas sociedades, segundo o que rege os princípios e valores de justiça da Democracia liberal, os árbitros não têm liberdade, ou seja, o "livre-arbítrio" nem para praticarem o que seja considerado vício (corrupção) e nem tampouco para praticarem o que seja considerado e/ou que eles considerem como sendo virtude, ou seja, a perseguição de um ideal amplo de justiça que esteja além dos códigos de leis (Direito). Nessas sociedades, os árbitros não têm liberdade, ou seja, "livre-arbítrio" nem para praticarem o que considerem injusto; e, nem tampouco, para praticarem o que considerem justo, nos sentidos amplos de injustiça e de justiça social: eles, como todos os cidadãos, devem, mesmo para "fazerem justiça", obedecer cegamente às leis, mesmo quando essas mesmas leis são e/ou lhe pareçam injustas.

Outro exemplo: o cidadão comum, segundo os supostos princípios de justiça que estão colocados sob os códigos de leis, "não pode fazer justiça com as próprias mãos"; e, os magistrados, seguindo o mesmo princípio, não podem fazer justiça com as suas próprias ideias e/ou convicções sobre justiça.

II

O exercício do livre-arbítrio do magistrado e de qualquer cidadão, nelas, nessas sociedades do capital, seja de que forma e/ou para que lado for, é sinônimo de "arbitrariedade", transgressão às leis e, nesse sentido, dependendo-se do teor e, no caso do magistrado, da repercussão pública do caso, será sempre passível de punição.

Citando-se um exemplo bastante comum no meio político, quando algum corrupto é pego por meio de provas que foram alcançadas por meio de escutas e/ou grampos telefônicos mas pelos acusados ditas ilegais, supõe-se, no meio deles que, antes de serem julgados pelos seus crimes, tenham-se que ser julgados primeiro aqueles, os que os flagraram por meios ditos ilegais, ou seja, tendo agido ilegalmente, absolvendo-se, em muitos casos, os verdadeiros corruptos e/ou criminosos.

Nessas sociedades ocidentais capitalistas contemporâneas, eles, os magistrados e/ou o judiciário, como um todo, com raras exceções, tornaram-se "escravos assalariados do Estado

Liberal, sob a obediência servil do poder Legislativo", dado que não possuem autonomia e independência, nem mesmo financeira, para poderem questionar leis particularistas (nem aquelas presentes na constituição e nem tampouco aquelas aprovadas pelo congresso.

Por meio desse conceito de justiça Liberal, que fundamenta-se também nas proposituras de Platão (presentes no seu livro "A república"), estão sistematizados dois postulados:

1- Que, invariavelmente, todas as ações do governo, mediante o Estado, com seus códigos de leis, devem ser justas;

2- Que, invariavelmente, as instituições governamentais, como o judiciário, por exemplo, nos seus tribunais devem - além de respeitarem às leis ditas justas - garantirem (pelos mecanismos de coerção que o Estado detém) a sistematização dessa mesma dita justiça, entendida esta como

141

"manutenção da ordem" por meio do respeito cego a elas.

Ou seja, esses são, segundo esse conceito de justiça, os ditos "princípios fundamentais da ordem política liberal", dado que, ele, o respeito às leis, é concebido e colocado para o corpo social como sendo o mesmo que uma *virtude que todos devem praticar*", no sentido de se conformar à legalidade reinante (código de leis), estando sistematizados estes como "ideais de justiça".

Vale ainda dizer, sintetizando, que, para esse conceito liberal e conservador de justiça, nas sociedades ocidentais capitalistas contemporâneas:

> "A justiça é colocada como o mesmo que uma dita "qualidade de conduta" política, jurídica e/ou civil que consiste em obedecer cegamente às ordens pré-estabelecidas. Ou seja, às leis vigentes,

sejam elas consideradas justas ou não por grandes ou pequenas parcelas do corpo social."

Dado o até aqui exposto, pode-se dizer que, tanto o Executivo quanto o Judiciário seriam então, nesse sentido, nas sociedades capitalistas ocidentais contemporâneas, apenas meros apêndices dele, do Legislativo.

E mais, pergunta-se:

> "Seria exagero dizer que, se algumas leis são de fato injustas, mas legais por serem leis, as grandes maiorias das decisões judiciais - ainda que se perseguindo a justiça com base nelas - seriam e/ou soariam como sendo injustas por causa do caráter e da essência de "Injustiça social Liberal" contida nessas mesmas leis?"

Outra questão:

"Seria oportuno supor que, nos últimos tempos, têm havido (entre o Legislativo, o Executivo e o Judiciário) um pacto orquestrado para manter o mesmo "status quo" político das Democracias Liberais?

Acaso julgue-se essas proposições verdadeiras, a óbvia solução para as problemáticas da justiça ou da injustiça estariam dadas. Ou seja:

> "Para se poder ganhar o real e legítimo direito de julgar a todos e, também, de julgar a si – pela confiança popular - não deveria o Judiciário pôr-se a julgar, primeiro, antes de tudo, as particularidades, imoralidades, amoralidades, ausência de ética, de humanidade, de equidade, fraternidade, etc., presentes no Legislativo, corporificadas estas pelas "leis corruptas que eles criam" e que são colocadas

depois para o corpo social como códigos coercitivos de conduta?

Mas, infelizmente, não é assim: no cotidiano, cidadãos são tomados pela ilusão, por meio da banalização do sentido da justiça, de que ter acesso a ela, à própria justiça - movendo-se pequenas ações de indenizações por danos morais e materiais contra empresas e/ou pessoas que supostamente tenham incorrido em algum erro contra eles – é, de fato, um bom negócio para se poder ganhar "um dinheirinho a mais", seja este mesmo processo impetrado e alcançado por meio de formas dissimuladas e/ou antiéticas ou não.

Os magistrados, todavia - a cada dia, mais exigidos pela instituição que representam - procuram julgar o mérito de suas causas com parcimônia, lisura e competência, mas, no sentido macro, todavia, suas decisões representam, de um lado, apenas a sistematização da lei do mais forte e, nesses casos descritos acima, a sistematização da lei dos menos éticos, dos imorais, dos levianos, dos artistas inescrupuloso do mal; e, do outro, também a criação, cada vez maior, de empregos para os advogados.

Quase todos sabem que os fóruns desse país parecem, hoje, o lugar onde os inescrupulosos inventam qualquer história e criam provas fictícias para poderem ganhar alguns trocados, impetrando processos, na grande maioria das vezes, caluniosos, descabidos, já que, na tentativa de não se tornar o acesso à justiça elitizado, o judiciário não estabelece limites mais severos para a impetração de qualquer processo.

A lentidão para o julgamento de qualquer causa demonstra que o excesso de processos é o resultado claro de que as leis, além de não serem bem compreendidas pela população e nem tampouco por muitos Magistrados, são também, muitas delas, como já foi mencionado, mas que aqui também vale reiterar, sentidas e/ou compreendidas pelos entes sociais, na maioria das vezes, como sendo:

1- "insanas,

2- Particularistas,

3- Injustas,

4- Elitistas,

5- "Lobistas",

6- Produtoras de mazelas sociais,

7- Produtoras de atos dolosos,

8- Produtoras de violências e de todos os tipos e matizes.

Por outro lado, também, a discussões sobre as validades das decisões judiciais, por meio dos magistrados, são quase sempre questionadas, dando-se origens a re-correções em instâncias judiciais ditas superiores que, pelo tempo extenso que demoram a ser julgadas, fazem com que muitos magistrados sejam obrigados a tomarem decisões fora dos contextos e fatos reais, aumentando-se ainda mais a sensação de injustiça. Ou seja, o que se quer dizer é que o Legislativo - nas condições ideológicas até aqui expostas - criam essas tais leis lobistas e, depois, simplesmente, "lavam as mãos."

Alguns magistrados, em "off", talvez dissessem:

> "Quando as leis parecem e/ou soam como sendo injustas, ser julgado como transgressor da lei soa como estar sendo injustiçado, quando se procurou exatamente distribuir a bendita justiça".

O povo, representado pelos intelectuais progressistas, mais uma vez talvez insistisse:

> "Os magistrados, ainda que incompreendidos, não podem e não devem se enganar: eles são aqueles a quem se delegaram poderes para distribuir a "bendita" justiça..."

Restar-nos-ia apenas indagar:

"A Justiça de fato a do Legislativo?

Sejamos redundantes:

"Quando as leis são e/ou soam como sendo injustas e, antes do julgamento do mérito, do julgamento da causa, essas leis não são primeiramente justificadas, a causa, o julgamento, a coisa julgada pode ser e/ou mesma parecer injusta não somente para quem somente sofre as suas consequências, mas também para o corpo social ou jurídico e, nesse sentido, o valor do julgador e/ou do Magistrado, querendo-se ou não, conscientemente ou não, legalmente ou não, é também posto à prova."

Pensa-se aqui que o Magistrado, perseguindo de forma racional os preceitos de distribuição da bendita justiça, ao corromper e transgredir às leis que soem e/ou que parecem, para a sua dada

149

coletividade injustas, poderia de fato alcançar a bendita justiça.

Em outras palavras, um parecer favorável ou desfavorável, a fim de corrigir-se a "bestialidade injusta" de certas leis poderia levá-lo (o magistrado) ao alcance pleno da justiça na coisa julgada.

Todavia, nesse caso específico, diriam alguns juristas, muitos deles papagaios de plantão, fantoches, paus mandados do Legislativo:

> "Pode e deve ser punido pela justiça que se corporifica e que se faz valer pela injustiça da lei, tida arbitrariamente como justa e transgredida por aquele que deveria, segundo os mesmos códigos de leis e não de outro, distribuir a bendita justiça".

Ou seja, o magistrado que, perseguindo a justiça, se pusesse e/ou viesse a se pôr a transgredir determinadas leis que lhe parecessem injustas, seria acusado de "arbitrariedade" e levado (segundo as próprias bases do código de leis que rege a magistratura, como mencionado) a possível julgamento por seus atos.

Nesse sentido, as leis, nessas sociedades liberais, são criadas para estarem acima de todos, inclusive, dos magistrados, a fim de sistematizar o status quo capitalista da exclusão.

Reconhecer esse fato é entender que o judiciário, nessas sociedades - embora se diga que a função do magistrado é a de "distribuir a bendita justiça - é instituído pelo Estado Liberal para julgar os cidadãos a partir de uma obediência cega e passiva às leis (Direito).

Ou seja, essa sua ideológica função social somente ajuda a eternizar as raízes das árvores geradoras das outras duas injustiças e/ou desigualdades: a política e a social.

BIBLIOGRAFIA DE FILOSOFIA, POLÍTICA E EDUCAÇÃO

APPLE, M. Educação e poder. Porto Alegre: Artes Médicas, 1989.

ARENDT, Hannah (1949): Origens do totalitarismo

ARENDT, Hannah (1950): O que é política?

BOURDIEU, P. A reprodução. Rio de janeiro: F. Alves, 1975.

COLEÇÃO OS PENSADORES: relativos ao pensamento de Aristóteles, Sartre entre outros.

COSTA, Cleberson Eduardo Da. Emancipados & Medíocres. Rio de janeiro: Amazon.com, 2012.

COSTA, Cleberson Eduardo Da. A complexidade do óbvio. Rio de janeiro: Clube de Autores, 2012.

DELORS, Jacques. A educação para o século XXI: questões e perspectivas. Porto Alegre. Artmed, 2005.

FREIRE, Paulo. Pedagogia da autonomia. São Paulo. Paz e Terra, 1996.

FREUND, Julien. L´Essence du Politique. Paris, Ed. Sirey, 1965.

FRIGOTTO, Gaudêncio. Educação e Crise do Capitalismo Real. São Paulo: Cortez, 1996.

GENTILI, P. & FRIGOTTO, G. (ORGs). A Cidadania Negada: políticas de exclusão na educação e no trabalho. São Paulo, Cortez, 2002.

MARX. KARL. Manifesto Comunista. São Paulo: Boitempo, 1998.

RAWLS, John. Theory of the Justice. Cambridge, Harvard Univ. Press, 1971.

SAVIANI, Dermeval. Escola e Democracia. São Paulo. Cortez, 1998.

MORIN, E. Os sete saberes necessários à educação do futuro. São Paulo. Cortez; BRASÍLIA: UNESCO, 2001.

RANCIÈRE, Jacques. O mestre ignorante: cinco lições sobre emancipação intelectual. Belo Horizonte: Autêntica, 2002.

BIBLIOGRAFIA BÁSICA DE FILOSOFIA E FILOSOFIA POLÍTICA

BOBBIO, Norberto ET alii. Dicionário de Política. Trad. Luiz guerreiro Pinto Cacais ET alii. Brasília, Ed. Universidade de Brasília, 1986.

BOBBIO, Norberto. O conceito de sociedade civil. Rio de Janeiro, 1995.

BOCHENSK, Innocentius Marie. A filosofia contemporânea ocidental. Trad., coord., e rev. Alfredo Bosi. São Paulo, Mestre Jou, 1982.

CHÂTELET, François, dir. História da Filosofia – ideias, doutrinas. Rio de janeiro, Zahar, 1981. 8v.

FOULQUIÉ, Paul. O existencialismo. Trad. J. Guinsburg. 3ª ed. São Paulo – Rio de Janeiro, Difel, 1975.

MOUNIER, Emmanuel. Introdução aos existencialismos. Trad. João Bénard da Costa. São Paulo, livraria duas cidades, 1963.

OS PENSADORES. São Paulo, Abril cultural. Coleção da qual foram utilizados os volumes: Aristóteles, Heidegger, Kant, Locke, Marx, Sartre, Descartes e Francis Bacon.

PARA COMPRAS ONLINE NO BRASIL, EUA, ÍNDIA, CHINA, JAPÃO E TODOS OS PAÍSES DA EUROPA, VERSÕES KINDLE, E-BOOK E IMPRESSOS, FAVOR ACESSAR WWW.AMAZON.COM

PARA PEDIDOS/REVENDAS NO BRASIL

ATSOC EDITIONS

TEL: (21) 96607-3785/97475-7560

http://atsoceditions.com.br

www.ingramcontent.com/pod-product-compliance
Lightning Source LLC
Chambersburg PA
CBHW060516290526
45791CB00001B/409